U0032655

喜歡讀書寫字的
京都旅楽

王文萱等・文字　　郭苓玉等・攝影

散步、旅行、生活，
京都文青的在地悠晃指南

contents

古典的轉角

抹茶、紫陽、夢浮橋，源氏物語の散歩道

時光的星跡

寺廟漫步，平家物語の悲戀舞台

異色的晃遊

從京都大學展開的空想冒險

文青的日常

電車、甜食、惠文社，有時還有宮本武藏

在京都移動的一百種方式之一
腳踏車

INASAKI JEWELRY
Made to order & Reform
東大路通り

「嘿，跟上我，我們要出發囉。」

源氏物語ミュージア
花散

抹茶、紫陽、夢浮橋

源氏物語の散步道

1

古典的轉角

走吧！讓我們到宇治去！

文／神小風

從京都前往宇治，可搭乘JR奈良線至「宇治」駅下車，往前走一段即可看到宇治橋，《源氏物語》中的夢浮橋，後人皆稱是宇治橋，橋頭立有作者紫式部的石雕像。除了《源氏物語》，日本作家茂呂美耶也寫過與此相關的傳說「橋姬」，意即橋的妖怪，通指宇治橋女神。

橋姬的形象善妒且癡情，且飽受相思之苦。《源氏物語》裡同樣有不少受到戀情折磨的女性，從此岸到彼岸，橋隱喻著男女之間幽微難解的關係。宇治十帖的開篇，正是以〈橋姬〉命名。

要前往平等院，暫不過橋，順著宇治川，往平等院參道走去，這裡也是茶香之街，備有各式抹茶和菓子及新奇產品。

02　01

01 別人家院子的紫陽花開得比三室戶寺更可愛（郭苓玉／攝影）
02 開往宇治的白色車廂普通列車（郭苓玉／攝影）

途經知名的「中村藤吉」和「伊藤久右衛門」店鋪，已有早到的旅客候在門外，人手皆握一支抹茶冰淇淋，笑聲燦燦，一下就融化了。

參道的盡頭便是平等院，別號鳳凰堂。在《源氏物語》裡，光源氏傳給兒子夕霧的「宇治夕霧別莊」即是這裡，散步其中，當真是走進了小說的世界。平等院並不大，繞中心的阿字池一圈即可走完。

離開平等院，可在出口處的通圓茶屋稍作歇息，發呆吃抹茶糰子，坐看宇治川流水，也有販售鹹食如蕎麥麵等等，但品項不多。這家位於宇治川畔的古老茶屋，創立於西元一一六〇年，也是小說《宮本武藏》的場景之一。外觀低調樸實，不小心便會錯過。

04 03 05

03 宇治橋畔的紫式部像，這裡也是「宇治十帖」的故事舞台。（陳怡絜／攝影）

04 與朋友約好在路口集合，早到的女孩剛做完毛巾伸展操。（郭苓玉／攝影）

05 平等院表參道入口（陳怡絜／攝影）

商店街
ドライ クリーニング
宇治薬品
21-3043

宇治上神社在宇治川的另一頭，須過橋才能抵達。這裡多是住宅區，途中可見宇治十帖的紀念碑，但不太起眼，需耐心尋找。沿著朝霧通り，經過供奉宇治橋神明的「橋寺放生院」後，會遇見較爲迷你的「宇治神社」，人潮不多，有販售三角粽型的御守。被列爲世界文化遺產的「宇治上神社」規模較大，供奉的神明是「菟道稚郎子」，爲日本首位學論語的天皇，可求學業考試運。此地的吉祥物爲兔子，此處也以「みかえり兎」兔籤聞名。

從宇治上神社再往前走，會抵達源氏物語博物館，此館藏身竹林和楓葉林深處，適合秋季造訪。館內收藏不少平安時代的衣飾器具，還有映畫解說。附設的咖啡館「花散里」也是《源氏物語》的章節名稱，販售的飲料名稱皆爲書中人物，連小細節也照顧到。

離宇治站不遠的三室戶寺，也與「宇治十帖」有關。前往三室戶站的路上，可多搭一段到黃蘗站，有傳聞中「全京都最好吃」的麵包店玉木亭（たま木亭），招牌藍底白字，設計顯眼。新店址在京都大學宇治校區的對面，受到眾多京大學生熱愛，是神祕的人氣店鋪。

06 偷偷觀察修學旅行的孩子們，被發現按下快門了！（郭苓玉／攝影）

07 拿出日幣十円瞧瞧，上頭刻印的正是平等院鳳凰堂的圖案。（郭苓玉／攝影）

從「三室戶站」出發，徒步十五分鐘左右便抵達三室戶寺，也可從黃蘗站前往。三室戶寺被稱爲花の寺，隨季節交替而有不同景緻，以杜鵑、紫陽花、蓮花和紅葉聞名，最好抓緊季節來。宇治十帖中〈浮舟〉的場景便在三室戶寺，參道沿途也擺設源氏物語的畫燈。

搭乘電車離開三室戶站，可在三条京阪站下車，沿著街道經過高瀨川，會抵達池田屋事變的遺址，現改爲居酒屋（池田屋 はなの舞），門口有豎立解說牌，店內更有以新撰組隊員命名的調酒和料理，歡迎歷史迷們入內朝聖。

08 | 08 好不容易才走到三室戶寺賞花，我們跟小朋友都一臉愛睏。（郭苓玉／攝影）

三条站還有另一文學地景，就是日本文豪川端康成的愛店「三嶋亭」本店，位於三条通、寺町通交叉口附近，販售牛肉火鍋，店內還有川端題字的簽名板，「但，實在有點貴啊……」心裡忍不住冒出了這樣的聲音。另一間在高島屋內的分店，是較便宜的選擇。同一區域也有美味名店「東洋亭」，整顆冰鎮番茄、百年布丁都是必點名物。侍冒著熱氣的漢堡排上桌，川端康成什麼的，都把它忘記吧。

11 09
12 10

09 向晚時分散步騎車回家，就是車站的日常風景。（陳怡絜／攝影）
10 東洋亭的美味漢堡排是消解一日行程疲憊的良方（郭苓玉／攝影）
11 遇上公休，「沒買到麵包」成為下次再來京都的理由。（郭苓玉／攝影）
12 蕨餅攤子的小哥收工笑容特別燦爛（陳怡絜／攝影）

《源氏物語》在宇治

文／吳若彤．地圖／Viga

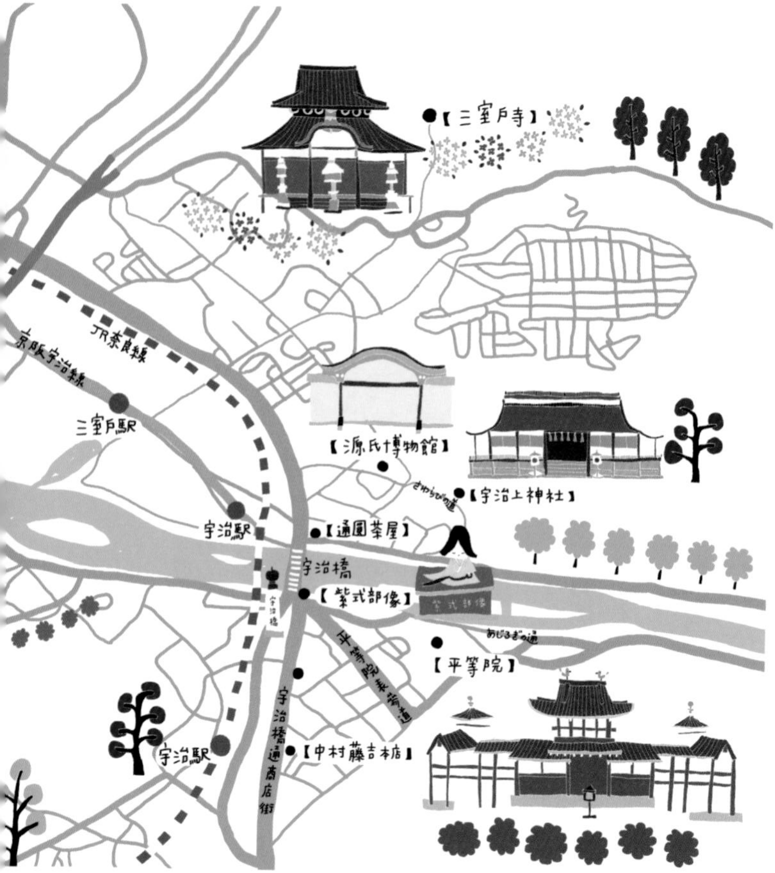

宇治橋畔與茶鄉街口的交接處，有一座平安朝仕女的石像，那是紫式部俯首展卷的模樣。橋的另一頭是河畔小徑，兩側是幽靜的民宅區，「夢浮橋」、「橋姬」、「早蕨」……走一段路之後，民宅的外牆上逐一出現刻著這些名稱的路牌。在某個轉角上了坡，坡上的某處便是四面落地窗的建築——源氏物語博物館。宇治，不僅是茶鄉，同時也是《源氏物語》中宇治十帖的場景所在。

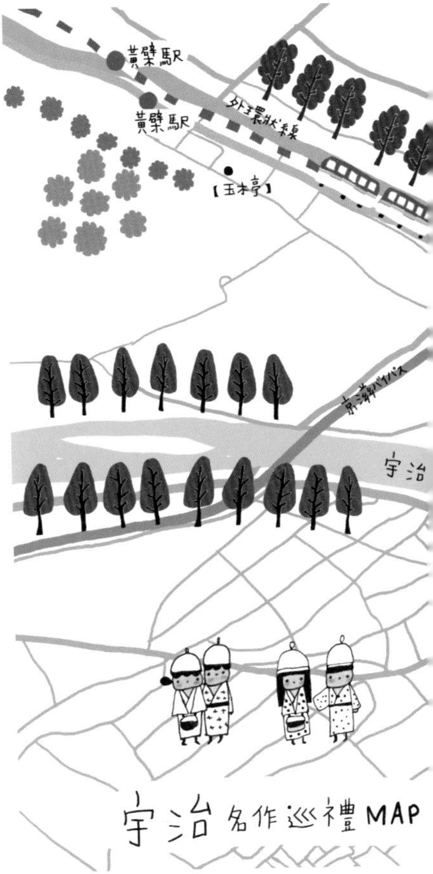

《源氏物語》是由五十四帖所構成的長篇小說，作者爲紫式部。主要描寫男主角——如玉一般俊美的光源氏生涯。光源氏歷經謫居後重返朝廷成爲準太上天皇，晚年卻遭遇人事變動，選擇遁世直到終老。中間穿插了光源氏與眾多女性的愛戀故事以及平安朝貴族的樣貌。宇治十帖爲最後的十帖，描述光源氏的子孫們與宇治八宮的女兒們之間的故事，場景也從平安京城移到宇治。紫式部在既有的物語文學創作基礎上加入和歌與日記的文學傳統，同時併用漢文學元素，成功地構築出刻畫人性的虛構世界。與《枕草子》並列平安朝文學的雙璧，同時也享有世界上最古長篇小說的榮譽。

平安京所在的京都本身就主要舞台，如〈夕顏〉帖的東山，〈鈴蟲〉帖的洛西鈴蟲寺，〈賢木〉帖的嵐山野宮神社，葵與六條御息所發生衝突的下鴨神社，光源氏可能的原型之一源融的清涼寺，昔日大內宮廷的一部分——今日的京都御所等等，甚至是紫式部的宅邸廬山寺。而宇治川便是終帖「夢浮橋」中，浮舟投水之地。「不知是在哪一個朝代的時候……」（「桐壺」），千年後仍能在這古都找到彼時的蹤跡。

千年之都的文藝流光

文／陳明姿．攝影／郭苓玉

桓武天皇遷都京都，爲祈求新都是平安樂土，乃命名爲「平安京」，日本由此進入平安時代，京都「千年之都」的歷史亦從此展開。平安初期，幾位天皇都積極攝取中國文化，嵯峨、淳和兩天皇更是全面推動漢詩文學，《凌雲集》、《文華秀麗集》、《經國集》等三大敕撰和歌集便是此一時期的產物。《凌雲集》開頭便引用《典論》裡魏文帝的「文章乃經國之大業、不朽之盛事」一詞，表露嵯峨天皇擬以文章經國理念來營造儒教理想世界的意圖。雖最後未能實現，卻開啟了人們豐富的詩情；帶動文學的蓬勃發展。

九世紀末葉，因假名發達、普及，當代文學家創造出各種多彩多姿的和文學，平安京爲之百花絢爛、文藝香氣四溢。首先是和歌文學再度興起。本來奈良時代已有和歌集《萬葉集》問世，但《萬葉集》是以萬葉假名（利用中國傳過去的漢字表記日語本來的讀音）呈現，並非用假名表記，因此限縮了創作及享受的範圍。在漢詩文學當道之時，和歌受到壓抑，流落爲私領域之文學。但京都四季分明，風情萬種；平安貴族又多愁善感，喜歡吟花詠月，宮廷社會漸盛行和歌唱和，常在宮中或是貴族府裡舉行和歌比賽，漸成爲貴族社會的風雅盛會，和歌終於躍升爲可與漢詩文學並肩平坐的公領域文學。

風雅浪漫的貴族文學

十世紀左右醍醐天皇敕命紀貫之等人編纂和歌集《古今和歌集》。除吟詠四季及戀情的和歌外，也收錄了離別、羈旅、哀傷等各種題材的作品。這是第一部敕撰和歌集，成爲之後多位天皇編纂敕撰和歌集時遵循之典範；也與日後的物語文學息息相關。和歌物語《伊勢物語》便是一例。

《伊勢物語》以「某男子」一代記的形式撰寫而成。一般將「某男子」視爲是平安貴族在原業平。物語當中有許多和歌，於《古今和歌集》中作者記載爲在原業平。《伊勢物語》在其第一段鮮明地描寫了主人翁的人格特質。其大意如下：有名男子初冠後，某日前去其領地，忽然自籬笆縫隙中窺見一對婀娜多姿的姊妹花，不由得意亂情迷。當下立即割下獵袍；吟詠和歌贈予佳人（註1）。此歌內容大致如下：

春日野新紫　婀娜兩佳人　千嬌百媚容
忽窺花容心　若此信夫染　迷亂難自禁

《伊勢物語》的作者對這位男子作出如下的註釋性說明：「或許他覺得此時此刻將心中的愛慕立即吟詠成和歌贈予佳人，是椿風雅情事吧！」

主人翁被形塑爲風雅、浪漫的人物，因此《伊勢物語》的美意識便被定位爲「雅」**（註2）**，這樣的人物造型應是平安京貴族社會的理想男性形象。《源氏物語》的主人翁光源氏也是屬於這類。不過《源氏物語》的構造比《伊勢物語》更縝密、複雜；份量也更多。其出場人物多達四百名左右；期間長達七十四年，經歷四代天皇，是一部長篇巨著。一般將其分成三部：第一部敘述源氏出生到登上太上皇，第二部爲源氏迎娶女三宮後至其辭世，第三部則是源氏子孫薰大將及香皇子與宇治八親王女兒們的悲戀故事。第一、二部無疑的是光源氏的一代記。源氏因幼時與其母桐壺更衣（地位較低的嬪妃）死別，不識其母容貌，後聽周遭的人說其父王新納入宮的藤壺女御（身分高於更衣，次於皇后）與其亡母容貌酷似，不由對其產生孺慕之心，然而這份孺慕之心竟質變成男女之情，藤壺女御成爲他心目中的理想女性形象。但她是父王最寵愛的女御，對源氏而言是觸不可及的對象，內心存在著永遠無法滿足的空虛。

爲了填補空虛，他不斷追尋著身姿相似的女子，終其一生。在《若紫》卷時他邂逅了小紫（即紫夫人）；紫夫人是藤壺女御的姪女，外型相仿。因此藤氏公子在北山窺見當時只有十歲的小紫時，立刻觸動了那份椎心蝕骨的戀情記憶，決定將她帶回，教育成理想中的女子。雖然如願迎娶了紫夫人，源氏公子仍然不斷有新戀情；感情世界相當多彩多姿。

光與影

《源氏物語》以平安京爲舞台，其情節恰似一幅繪卷，隨時間推移展開。除四季景物描寫外，平安京優雅的習俗及祭典也經常出現於作品裡——葵祭便是一例。葵季是現在京都的三大祭典之一，現於五月十五日舉行，平安時代則於陰曆四月中旬的酉日舉行。平安時若說「祭」，指的便是葵祭。葵祭是下鴨神社及上賀茂神社的祭典，平安時代的人們，那日會在帽子、牛車上、門簾等處插上葵及桂。遊行隊伍從皇宮出發一直走到神社。由於場面十分壯觀華麗，很多人會前來觀賞。但也因此常發生爭搶位置的事件。葵卷也巧妙將此融入故事中；葵祭當天，源氏公子情人之一的六條御息所因源氏對其疏離，而悶悶不樂，爲了排解內心鬱悶，便出門觀賞祭典。另一方面，源氏的正室葵夫人也因懷孕身心不適，遂在侍女們的慫恿下來觀賞葵祭。

兩方狹路相逢，葵夫人的家丁們明知車中是六條御息所，卻出言侮辱，並將其車子擠到葵夫人的侍女車子後面，將其架轅台撞壞。六條御息刻意低調，想要隱藏身分，卻被認出，還遭此大辱，使身分高貴的她憤恨難平。

回到六條院之後，她的心情一直無法平靜，精神也處於恍惚狀態。此時竟傳出葵夫人因她的生靈作祟而臥病在床，連日祈禱法事不斷。聽聞此事，六條御息所雖覺驚愕，但身上那法事時所用的芥子香確實怎麼也洗不去，似乎不僅止於衣物，實已黏附於靈魂深處。不久，葵夫人香消玉殞。六條御息所的魂魄因其怨念而逕自飛離身軀，前去殺人。作者藉由生靈的登場，具化了存在人內心深處的怨恨。

平安京到底存在著多少敗者或社會邊緣人的怨恨與執念呢？乍見絢爛華麗的王朝世界裡面究竟隱藏著多深多長的陰影呢？

古代人本來就相信鬼怪精靈的存在，又因各種因素，平安京成為一個容易聚集鬼怪的空間。因此平安朝有千奇百怪的怪異譚。平安末期的說話文學《今昔物語集》便收錄了不少傳說。像這樣的鬼怪，即使只要一個便已令人毛骨悚然。然而平安京街道有時甚至會出現百鬼夜行的光景。《今昔物語集》第十四卷裡，記載了一名年輕貴族藤原常行的故事。藤原常行風雅熱情，當時左京住著一位令他心儀的女子，他常在夜晚外出約會。父母擔心他會遇上不測，禁止他夜晚出門。但常行難耐相思之苦，依舊外出。某夜，行至東大宮大路時一群人迎面而來，他下馬迴避。等到人走近了，才發現是一群鬼怪。常行嚇得魂飛魄散，群鬼發現，便要過來抓他。但每一個鬼怪來到他的前面卻都折回去，無法動他分毫。原來，常行的奶媽擔心他會遇到百鬼夜行，請一位得道高僧書寫「尊勝陀羅尼」，悄悄縫進常行的衣襟裡，得以逃過一劫。同書的第二十四卷，也提及百鬼夜行的故事：一代陰陽師安倍晴明年輕時，隨賀茂忠行學陰陽道，某個夜晚，師徒兩人外出時，突遇見百鬼夜行。幸而安倍晴明即時發現，叫醒車中睡著的師父。忠行緊急施法將自己及隨行的人隱藏起來，躲過一場災難。《今昔物語集》裡收錄了不少這類神奇鬼怪的故事，王朝文學家們憑著其豐富的想像力，將平安社會的光與影藉由各類文藝精彩的呈現出來。

王朝文藝之後世影響

十二世紀末葉進入鎌倉幕府時代，武士取代貴族成為政權主導者。但是各種「女房日記」、「中世王朝物語」及後鳥羽上皇下令編撰的《新古今和歌集》皆是延續平安時代的勅撰和歌集、女流日記文學、物語文學的形態及風格。

此外，日本的古典藝能「能樂」也是在京都成立的舞台藝術。足利尊氏創立幕府之後，為了要洗刷其鄉下武士的粗鄙形象，拉攏京都的公卿貴族，要表現得比真正的王朝人更像王朝人，然而只是模倣似乎無法成為新政府的招牌，既要蹈襲王朝文化，又要具有本來沒有的文化形態。第三代將軍義滿在位時，由觀阿弥、世阿弥父子昇華的演藝——「能」——便是一項絕佳的武器。

尤其世阿弥在義滿的庇護之下，致力追求「幽玄」，將能樂的美稱為「花」；並寫出《風姿花傳》等多部能樂論書。能樂不只為當世武士所愛；也影響後世繪畫藝術理論。而這樣的能樂章曲，多有取材自《源氏物語》、《伊勢物語》、《大和物語》者，且至今仍廣受喜愛。例如自去年六月公演至今年一月二十六日的素謠（不戴面具以純唱曲方式上演）〈葵上〉以六條御息所為主人翁，細寫其心中嗔癡；或是〈浮舟〉，傾聽宇治八親王之女掙扎，精刻她為薰大將、香皇子之戀所苦，試圖投身水波洶湧的宇治川自盡，最終祈求佛法救贖的心路歷程。數百年前的王朝文華，道出了人性的永恆；為後世的新型藝術提供了靈思。

進入江戶時代之後，仍有許多暢銷作品翻案自王朝的物語，如井原西鶴的《好色一代男》及柳亭種彥的《贗紫土源氏》等的作品都具有《伊勢物語》、《源氏物語》的影像。只是江戶時代重情色的色彩較濃烈。

十九世紀後半，明治天皇應時局要求，移駕東京，但京都文化古都的地位也已確立。眾所皆知，川端康成的《古都》便是描繪現代的京都。除了京都的名勝古蹟外，他將各季節的變化及優美的習俗、祭典，以繪卷式風呈現出來這種寫作手法，不禁令人憶起《源氏物語》，但作中人物則已具現代人的自主觀。芥川龍之介所撰寫的一系列「王朝類」作品：〈羅生門〉、〈地獄變〉、〈鼻〉、〈芋粥〉都是取材自《今昔物語集》，而其詮釋的人性主題則轉爲現代產物。

總之，千年古都——京都，無論是其空間本身，或是其所孕育出來的文藝都散發出令人難以抗拒的魅力，不僅令千古的文人墨客爲之神往，至今仍是文學家們創造出嶄新文藝的重要場域。

陳明姿

日本東北大學文學博士。曾任台灣大學日本語文系系主任，台灣大學文學院副院長，日本京都大學邀請教授，日本國文學資料館客座教授，專長為日本平安朝文學、中日（台日）比較文學，著有《唐代文學與平安朝物語之比較研究》等。

註1

平安時代男貴族元服後，即為成人，便可成婚，男子或因偶然機緣窺得某家小姐的如花容顏，或自親朋好友口中得知某家小姐才貌出眾，便開始求婚。男子首先贈和歌予佳人，表達內心愛慕，女方周遭之人會先探聽對方家世、人品，若認為該男子與自家小姐相匹配，便會由父兄或親信代為回贈和歌，若小姐本身是位擅作和歌者，也可能由小姐親自回贈和歌。經幾次和歌酬酢之後，女方若願意接納該男子，便允諾其前來造訪，然而開始時仍會隔著屏風或簾子交談，即便交往至可以拿掉簾子時，女方仍會在昏暗的燈光下，以扇遮臉和男子會面。到可以拿掉扇子時，便可結婚，但那時的婚姻是男方去女方家，因此獲得女方允諾後，男方會選在一黃道吉日前去女方家，事先會先請人告知女方家，入夜後，男方帶領隨從，搭乘牛車前去女方家，女方家會開中門迎接，男方的前導者會將火把移至脂燭，進入門內。當晚女方父母會抱著淺沓（沒有後跟的鞋）就寢，以祈求該婚姻美滿幸福。女方親信會將脂燭之火移至閨中帳幕之前的燈籠，三天之內不可讓火熄掉。第三天晚上會有三日餅儀式，用三張銀盤盛著餅（麻糬）端至帳幕前供新人享用。第三天或第四天有「露顯」的儀式。新人會出來與親朋好友會面，宴請賓客，相當於現在的結婚喜宴，這樁婚姻至此算是正式成立。

註2

讀音為「MIYABI」是《伊勢物語》的美意識，和「物之哀」〈MONONOAWARE〉及「WOKASI」同屬平安時代的重要美意識。平安時代的「HINABI」是指鄙俗、土氣之意，相對的「MIYABI」則是指具都會風、王朝風的高尚、優雅之美。《伊勢物語》在第一段的「初冠」，稱主人翁「某男子」為「MIYABIWO」，而「MIYABIWO」一詞在前一時代的和歌集《萬葉集》裡便已出現，萬葉假名表記為「遊士」、「風流士」，換言之「MIYABIWO」一詞亦具有古代中國「風流之士」之意。因此可由《伊勢物語》首段看出作者擬將主人翁定位為一風雅、浪漫青年貴族之意圖。

「吶、看完宇治川，我們一起去茶屋買支冰淇淋好嗎？」
「好呀。比起寫生我更想吃冰呢現在。」

宇治戀路

文／曾郁雯

如果想體會源氏物語淡淡的愛戀與哀傷，就去宇治吧！

《源氏物語》的光源氏雛形來自「源融」，源融是日本第五十二代天皇嵯峨天皇第十二個皇子。書中的源氏長得脫俗俊美（甚至比公主還漂亮），一出場光芒四射，綽號「光君」，就是大家熟悉的「光源氏」。

若把《源氏物語》分爲三部分，第一部是光源氏年輕時四處偷香盜玉的風流情史；第二部敘述四十多歲的光源氏從人生頂端跌落谷底的過程；第三部轉場至宇治，要角是光源氏的兒子薰君及當時皇上的兒子匂宮，好色好強的匂宮除了嫉妒薰君天生自然散發的體香，拼命用各種薰器將自己的身體、衣服薰香之外，還和薰君競爭追求同父異母的宇治三姐妹大君、中君、浮舟，明爭暗鬥，用盡心機，最後還是以悲劇收場。

後人把《源氏物語》中光源氏及貴公子經常去拜訪戀人的路線稱爲「戀路」。這些多情男子漢的戀路，近的可以從御所內裏徒步抵達，遠一點的通常都搭牛車。最著名的有三條路線，日本人很認眞的換算成現在的交通時間，例如從京內到洛西的嵯峨野、嵐山約六點三公里，搭牛車大概要晃一個小時，現在搭電車約十九分鐘；光源氏當初把明石君安置在「大堰山莊」，應該是現在嵐山天龍寺附近的馬場町。另外一位六条御息所則和女兒住在嵯峨野的野宮神社。第二條路線是從京內到洛北的北山，距離約八點二公里，搭牛車需兩個鐘頭，搭電車約二十分鐘。最遠的就是宇治這條戀路，大約十五公里，搭牛車要四個小時，換算成現在的電車要五十分鐘。如果依當時的「訪妻」習慣，書中這些無時無刻都在談戀愛的貴公子，白天忙著

上朝，晚上出門征討尋歡之後，天一亮就得趕回家，而且還要馬上親筆寫首和歌送給女方以表心意，自古男人真命苦，風流也要有風流的條件。《源氏物語》從「橋姬」開始的最後十帖，都以宇治爲背景，俗稱「宇治十帖」，串連起來也是一條回不了頭的戀路。

如果想去宇治最好學平安朝的貴族早一點出發，除了從京都車站搭JR奈良線或地下鐵，還可以從京阪三条站搭電車到宇治站。假設能在早上八點半平等院一開門就抵達的話，建議先從平等院開始參觀，因爲平等院面向東邊，可以看到晨光中浮在阿字池上宛若極樂淨土的平等院；然後經過位於中洲的宇治公園塔島、橘島，再走到對岸的興聖寺、宇治神社、宇治上神社、源氏物語博物館，時間如果充裕不妨再到最遠的三室戸寺，否則就回頭走宇治橋，西邊橋頭有夢浮

橋之碑、源氏物語作者紫式部石像、橋姬神社，最後在回車站的路上去「中村藤吉本店」試試宇治抹茶及茶點，結束一天的行程。

或者先去「中村藤吉本店」，再從最遠的三室戸寺往回走，把平等院放在最後一站，但千萬要控制時間。平等院的鳳翔館及鳳凰堂最後受付時間都是下午四點左右，我的建議是三點鐘之前一定要抵達平等院，先參觀鳳凰堂的建築、佛像、庭園，再進入鳳翔館仔細欣賞國寶級文物，趕在五點半閉館前至庭園欣賞沐浴在夕陽中的平等院，又是另外一種光輝莊嚴。

另外一個走法就是在車站拿一張當地觀光局製作的「宇治十帖」地圖，照著路線走，每個景點都會有一座石碑，還可以收集印章，全程大概兩個小時就可以走完，適合半日遊。

如果想賞花，平等院四月下旬至五月初的

紫藤，六月至七月的睡蓮最受歡迎；三室戶寺五千坪的庭園更是名聞遐邇，四月的石楠花，五月的紫陽花（繡球花），六月至七月的睡蓮，十二月至一月的南天纍纍成串、嬌豔欲滴。三室戶寺因四季花草如畫，贏得「花の寺」的美譽。興聖寺四月下旬山吹盛開，「春岸山吹」及「興聖晚鐘」被列入宇治十二景；從總門到山門之間長達兩百公尺名爲「琴坂」的參道，一到深秋就變成楓紅隧道，值得一遊。

是宇治的美景烘托《源氏物語》的纏綿？還是《源氏物語》的愛戀渲染了宇治的風情？紫氏部的《源氏物語》描寫的是平安朝中期十一世紀華麗貴族社會，剛好也是貴族藤原氏一族擔任攝政、關白的全盛期，兩者完全重疊，最終亦是萬般留不住，轉眼已成空。

平等院傳說是源融的土地，藤原道長在此

建立別邸「宇治殿」，當時流行的淨土宗認爲西元一〇五二年是末法時代第一年，藤原道長的兒子藤原賴通同年將父親的別邸改爲佛寺，翌年建阿彌陀堂，就是現在的鳳凰堂，當成極樂淨土的象徵。那時候不論盛極一時的王公貴族或癡情烈愛的世間男女，走過愛恨糾結的漫漫長路，最後大概都想尋得解脫、一心嚮往極樂淨土吧？

三十六歌仙之一的藤原定賴，寫過一首「宇治的川霧」，描寫寒冬清晨朝陽初現，川霧中隱隱約約看到宇治川上一根根用來捕香魚幼苗的網代木，一片思古幽情，爲此宇治川霧也是京都絕景之一。走過茶香撲鼻的表參道，嘗過甜蜜豐潤的白玉丸子，熬過冷冽的冬霧，宇治川上千帆過盡，千年戀路今猶在，宇治還是宇治，來來去去的，是旅人？或是難斷難捨難離的貪戀眷愛？

曾郁雯

一九八六年台大歷史系畢業，知名作家與珠寶設計師，因珠寶作品深具文學底蘊，充滿甜美詩意，被台灣媒體譽為珠寶詩人。美國寶石學院之研究寶石專家（G.I.A—G.G）。現任台灣珠寶創意設計師協會副理事長、TJDMA台灣珠寶金工創作協會會員。歌詞創作〈幸福進行曲〉獲第三十六屆金馬獎最佳原創電影歌曲，劇本《天馬茶房》獲第三十六屆金馬獎最佳原著劇本提名。歌詞創作〈阿嬤的雨傘是一朵花〉入圍第十六屆金曲獎「最佳作詞人獎」。入選九十六年、一〇〇年、一〇一年年度散文選。著有珠寶專書《珠寶，女人最好的朋友》《就是愛珠寶》《美人紀—珠寶搭配美學》；及《戲夢人生—李天祿回憶錄》，近作為攝影散文集《光影紀行》、《京都之心》、《和風旅人》、《綺麗京都》；小說《珠寶情人》。

p.034
|
p.040

大龍寺庫房（曾郁雯／攝影）
宇治平等院著名的石燈籠（曾郁雯／攝影）
|
宇治平等院（曾郁雯／攝影）
宇治平等院（曾郁雯／攝影）
|
宇治日落（曾郁雯／攝影）
紫陽花（曾郁雯／攝影）
|
離開三室戶寺前，燃香祈求平安。（陳怡絜／攝影）

《源氏物語》當中的日本傳統文化

文／王文萱
圖／《源氏物語》繪卷

和菓子 わがし wagashi

「和菓子」指以日本傳統製法所做的菓子（點心），冠上「和」字，是為了與後來的「洋菓子」做區別。日本最早的「和菓子」，是將糯米製成的餅拌上植物的甘甜汁液，再用山茶花葉片包起，稱作椿餅。《源氏物語》中就有食用椿餅的場景。公子哥們玩完蹴鞠之後，便開心地取用盒中的椿餅、梨子、柑橘等來享用。

另一項在《源氏物語》當中登場的和菓子，是「亥の子餅」。從前宮中有項由中國傳進的習俗，在舊曆十月第一個「亥日」的「亥時」（晚上九點至十一點），要吃「餅」，才能除萬病，這就稱「亥の子餅」。人們也會互贈「亥の子餅」，《源氏物語》當中就描述了光源氏送「亥の子餅」給紫之上的情節。

日本箏 こと koto

《源氏物語》裡出現了許多日本傳統樂器，其中與京都有深厚關聯的便是「日本箏」了。日文稱「箏」，即《源氏物語》裡的「箏の琴」，為了與中國古箏做區分，因此中文裡多稱之「日本箏」。「箏」有十三絃，使用「琴柱」來調音，左手按絃、右手彈奏。《源氏物語》當中彈奏箏的角色不少，包括光源氏、紫之上、明石御方……等等。「箏の琴」一詞，通篇出現了近五十次。

那麼日本箏與京都有什麼密切的關係呢？若曾造訪京都，一定知道代表京都的伴手禮——帶有濃厚肉桂味的褐色脆餅「八橋」。「八橋」其實指的不是八座橋樑，而是來自江戶時代，在京都寫作樂曲、為箏曲音樂奠定基礎的作曲家「八橋檢校」。八橋如同瓦片般的形狀，正是仿日本箏的模樣而來。

十二單
じゅうにひとえ
jyuunihitoe

《源氏物語》當中有許多關於平安時代服飾的描述，可感受到貴族衣裝的高雅華美。當中最引人興趣的莫過於「十二單」了。十二單時常被誤解為「共有十二層衣服」，雖然的確是穿了層層疊疊的衣服，但不一定必為十二件，件數是可以變動的。十二單的正式名稱為「五衣唐衣裳」，是朝廷中高位女官的正式服裝。由於每層衣服都會在領口、袖口、下襬透露出部分色塊，層層衣裳交疊處所編織出的巧妙色彩組合，便是十二單的優美之處，而如何搭配色塊，就成了門學問。基本上是配合季節來搭配色彩，例如以大自然的色澤來搭配植物的顏色、或是以某個顏色為基底來做漸層等，配色方式有嚴格的規定。現今京都傳統祭典「葵祭」的女主角「齋王代」(「齋王」是指以巫女身分侍奉神的皇族女性。從前的葵祭是由齋王來主宰，現今則是由一般民眾當中選出一名女性來代替齋王的角色，稱為「齋王代」。) 也會穿著十二單參加儀式。

蹴鞠
けまり
kemari

《源氏物語》有一幕描繪了年輕公子哥兒們玩著「蹴鞠」的模樣。這是當時貴族們的娛樂之一，參加者追著、踢著一顆用鹿皮做的球，讓球不掉落地面——這番情景是否似曾相識？是了，若以現代中文詞彙來形容，「蹴鞠」便是類似「足球」的體育競賽。

那麼，在《源氏物語》當中，誰的球技最高超呢？集萬眾寵愛於一身的主角光源氏，琴棋書畫樣樣精通，容貌才華兼具，但唯獨有一項才能，他願意服輸，便是「蹴鞠」。光源氏正妻葵之上的哥哥——頭中將，與光源氏不僅是姻親、又是好友，有時是情敵、有時又是政敵，兩人的互動及勝負，是《源氏物語》當中為人津津樂道的。光源氏後來曾說道，年輕時凡事皆與頭中將一爭高下，除了「蹴鞠」一項之外，他處處皆贏。

寺廟漫步
平家物語の悲戀舞台

2

時光的星跡

在寺廟散步才是正經事

文／神小風

嵐山原本就被許多作家所喜愛，常在文學作品裡現身。從ＪＲ嵯峨嵐山駅出發，先不往熱鬧大街走，而是轉往較爲幽靜的巷道，避開人潮，走踏綠色小徑，會先抵達常寂光寺和二尊院，此二處皆是紅葉名所，常寂光寺也是《小倉百人一首》和歌的誕生地，爲日本鎌倉時代歌人藤原定家舊址。

常寂光寺的斜對角即是落柿舍，舍內不大，相當低調，是知名俳句詩人松尾芭蕉的門人之一「向井去來」的隱居所，販售柿子形狀的土鈴。

再往前一段路，會抵達祇王寺，寺內不大，處處是綠，蔥綠、淺綠、苔綠……也是古典小說《平家物語》裡的知名場景；祇王原本是備受平清盛所寵愛的舞女，後因另一

02 01

01 隨意跳上車，去到未知的遠方吧。（郭苓玉／攝影）
02 落柿舍內設有筆箋與投句箱供人投稿（郭苓玉／攝影）

美貌舞女佛御前入宮，平清盛移情別戀，便和母親以及妹妹祇女離開，在此出家隱居。彷彿預知了自己命運，不久後，佛御前也來此剃度出家。寺內有祇王母女三人以及佛御前合葬之墓。

離開祇王寺，穿過清涼寺，嵯峨豆腐森嘉就在附近，這是川端康成的愛，小說《古都》便是以嵐山爲舞台，女主角千重子的父親在嵯峨山中閉關不出，千重子還特地買了森嘉豆腐爲他料理。這家店僅能外帶，販售各種豆製品，炸油豆腐、豆皮等，買了坐在外頭的長椅上吃，一旁豆腐工人安靜規律作業，絲毫不受打擾。

04
03
05

03 剛炸好的森嘉豆腐，撒點胡椒暖暖握在手心。（郭苓玉／攝影）
04 走到腳酸，還真是有點羨慕趴在媽媽背上的小朋友呢。（郭苓玉／攝影）
05 抓抓鼻子吐吐舌頭也可愛（郭苓玉／攝影）

嵐

KYOTO BUS
嵐山-高雄
パークウェイ

嵐

30

法輪寺在渡月橋的另一頭，相傳京都孩童年滿十三歲時，便要到法輪寺參拜。地處偏高，氣喘吁吁爬上登山石階，上方的瞭望台可遠眺嵐山風景，安撫身上汗意。但另有一處可能更吸引人：階梯附近有一個不起眼的奇妙神社「電電宮」，專門祭祀電氣、電力之神，是相當實用的神明。

繞完一圈，回到天龍寺附近，這裡也是《古都》裡的名場景。對面有家「うなぎ屋廣川」鰻魚飯，曾在知名美食網站食べログ列爲京都第一；招牌爲鰻重定食，厚實鰻魚裝進漆黑重盒，搭配鯉魚生魚片和清湯，嫌不夠，再點串烤鰻肝搭配。若想吃甜的，渡月橋畔的百年店舖琴きき茶屋有好吃的櫻餅。也可選擇附近的鶴屋壽，同樣是知名老店。兩枚醃漬櫻葉包裹糯米餡，搭配濃抹茶，入口，略鹹略甜，一天就停在這了。

07 06
08

06 在嵐山，人力車小哥的背影。（郭苓玉／攝影）
07 好想搭上直達高雄的公車，展開未知的行程。（郭苓玉／攝影）
08 遠去店家不斷冒著蒸氣（郭苓玉／攝影）

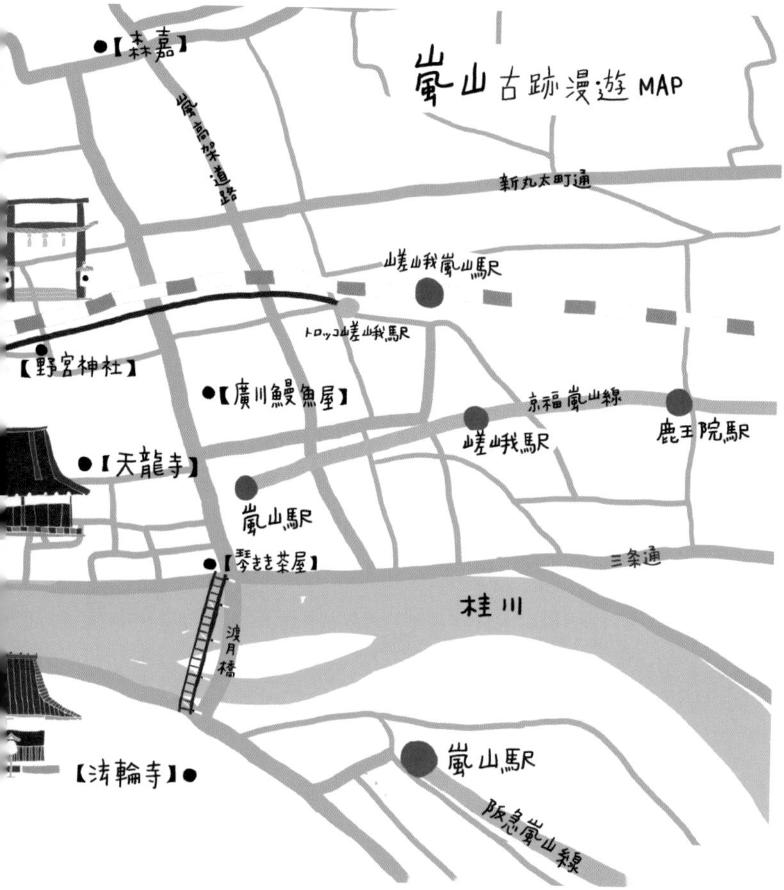

《平家物語》，京都的戰爭史詩

文／吳若彤．地圖／Viga

日本進入武家的鎌倉時代，社會氛圍從相對安定的王朝轉爲戰亂與變動，此時反映時代風氣的新型物語——描繪戰爭的軍記物語便油然而生，在日本文學的舞台登場。據《徒然草》所載，《平家物語》是由信濃前司行長入道所作，故事的雛型約於十三世紀半成立，由琵琶法師們傳唱，以此爲本，經過多次修訂增補，成爲今日所見的《平家物語》，分成閱讀本與說唱本兩個系統。

《平家物語》共分成十二卷與灌頂卷，描述武將平清盛在擊敗源氏勢力後，掌握權勢逐步躍升到太政大臣，並扶持承繼平家血脈的安德天皇即位後，平氏一門享盡世間的榮華。然而平家子弟行爲驕橫，遷都福原的舉措引發民怨。更火燒比叡山，惹怒山門內的僧兵勢力等種種因素交乘，反平氏的聲浪逐漸擴大，分散在各地的源氏開始舉兵起義。平氏一門在清盛過世後，擋不住反抗軍兵力，帶著安德天皇與象徵皇權的三種神器棄守京城，一路向西逃亡。最後兵敗，年幼的安德天皇在本州與九州交界的壇之浦投海，平氏一門的勢力就此滅亡。

《平家物語》被譽爲可媲美《伊里亞德》的戰爭史詩，除平安京城之外，隨著戰事的擴大，戰線延伸多處。在今日的京都，五條大橋旁牛若丸與弁慶的石像，義經遮那王時代的鞍馬寺，平氏一族的據點——東山的六波羅，以及德子出家的大原寂光院，被清盛拋棄的祇王出家寺院等等，仍找得到相關蹤跡。每年六月十五日至三十日，是妙心寺東林院沙羅雙樹的花季。三百多年的老樹，彷彿持續地提醒著世人盛者必衰的諸行無常之理。

一朵花比一百朵花更美麗
——象徵幽玄風情的川端康成與古都

文／陳銘磻．繪／Jupee

一八九九年六月十一日出生大阪北區此花町的川端康成，幼時孱弱多病，家人呵護備至，少跟外界接觸，導致生活封閉、性情孤僻。三歲前，雙親感染肺結核，先後辭世，由祖父母收養，寄居大阪三島郡豊川村舅父的黑田家。七歲時，祖母棄世；十歲時，唯一的姊姊芳子罹患熱病，併發心臟痲痺夭折，親人接踵過世，他的精神受盡折磨，難忍熬煎，僅能藉助閱讀加重生命能量。

一九一四年五月，初中末期，祖父三八郎病重，他獨守病榻，夜夜誦讀《源氏物語》感時傷情、充滿哀戚的詞句，以此驅遣憂悶，並沉溺於傷懷中。某天，心血來潮，決定把祖父大漸彌留的情景紀錄下來，寫成〈十六歲的日記〉，這是川端開啓文學長河的第一篇作品。

成長命運雖然坎坷，求學過程卻十分順遂的川端，不僅在校成績優異，自小立定藝術文學寫作的夢想，竟都成爲不可叛離的宿命，意味他必須在現實的困阨中與孤獨、悲愁並行相處。而維繫他心靈成長的宿命境遇，使他本即抒情的文字，更能穿透無常生死；加上幼時家境變遷的悲涼氤氳，越發沉澱作品的淒美特色。

這種經由唯美思潮所創作，空靈和虛無的小說，在在蘊涵「幽玄」的禪意美學。

他擅長闡述空無邃遠的寫作風格，以及大和文化特有的人文情愫，逐漸形成日本新文學運動的清雅典範，評論家讚譽他是「日本新感覺派」文學家。

閱讀川端作品，感受他從《源氏物語》傳承的王朝文化，象徵冷冷酷戾的官能性色彩，以及具體反映第二次世界大戰之後，困惑、迷惘與沉淪的世態。他將民族性所支配的悲哀、時代的悲哀，乃至自己的悲哀，融合形成「物哀美學」，並將日本古典文學中的尋常人倫與西方現代自由主義結合，揮灑出傳統文化和現代人文、自然描繪和心理刻畫，以及自覺性和意識流相互衝擊的「悲觀哲學」與「神祕主義」，終究創造了川端獨具頹廢情調的文學風貌。

一生孤寂的川端，雖曾強烈拒斥與現實社會接觸，卻又喜歡在文字世界堆疊屬於自己能量的遼闊空間，他大量閱讀《源氏物語》、《枕草子》等平安時代的文學著作，這些作品影響他的創作風格深遠。初中時代寫成〈十六歲的日記〉後，陸續發表不少短文，十九歲寫成膾炙人口的《伊豆の踊子》，從此小說創作不斷，包括：《雪國》、《千羽鶴》、《山之音》、《睡美人》、《古都》、《美麗與悲哀》等鉅著，不僅使他聲名大噪，作品還接連被改編成戲劇，《伊豆の踊子》六次搬上大銀幕、五次改編成電視劇。《雪國》二次搬上大銀幕、五次改編成電視劇。《古都》三度改編成電影。

文字精巧，可也是川端意圖傳述幽玄之美的訴求！讀他的文字：「女人在還未墜入情網前，是不知道男人下流的。」「人是不斷消失在過去的日子裡的。」「一朵花比一百朵花更美麗。」「美在於發現，在於邂逅，是機緣。」「自殺而無遺書，是最好不過的了。無言的死，就是無限的活。」得見美妙文采，正如他所言：「我彷彿只有腳離開現實，便遨遊於天空中了！」

一九六一年，川端爲了執筆寫作《美麗與悲哀》、《古都》，下榻京都下鴨泉川町「柊家」旅館，潛心創作。同年十一月，榮獲日本第二十一屆文化勳章。隔年一月發表《美麗與悲哀》，十月到翌年一月陸續刊載《古都》。

一九六八年，以《雪國》、《千羽鶴》、《古都》三部小說榮膺諾貝爾文學獎，成爲日本文學史上第一位獲得這項殊榮的作家。爲他帶來崇高榮耀的三部作品之一的《古都》，象徵川端晚期的小說更臻熟練，他用敏銳而細密的感性思維與慣有細膩的文字，藉由戰後京都一對自小失散的孿生姊妹在祇園神社相遇，輔以祭典流露的民俗特質，傳達大和民族物哀與風雅的文化美學。

正如諾貝爾文學獎評審委員說明他文學作品的特色：「這份獎狀，旨在表彰您以作家的立場，用優美、高超的小說藝術，以敏銳的感受與巧妙的筆法，表現了具有道德倫理價值的文化思想。同時，更表達了日本人心靈的精髓，爲東西方精神交流，做出深遠貢獻。」這是指川端在《古都》所展現的，具有文化本質的文學特徵。

小說從一棵老楓樹幹上的紫花地丁綻放，開始寫起，描述主角千重子從小遭親生父母棄養，卻幸運的讓經營西陣和服批發的夫婦收養，自此生活在富裕環境；妹妹苗子於父母去世後，被留置北山一戶貧寒人家，竟日在杉林裡以清洗杉木討生活。失散多年的姊妹，某年夏季在祇園神社的祭典中巧遇，從而展開一段孿生姊妹，看似幸福卻孤單無依的故事。

京都的歷史悠久，是大和民族傳統習俗薈萃所在，千餘年來，清雅的自然景色、優美的四時風物與豐饒的節慶，呈現多采多姿的文化特色，不論名山古剎或佛舍浮屠，處處反映這個民族充滿情趣美學的智慧。

《古都》不僅敘述京都文物之美，更讓讀者跟隨千重子尋訪京都的名勝古跡，包括：北山、祇園、八阪神社、清水寺、平安神宮、嵯峨嵐山、青蓮院等地景，以及一年一度盛大舉行的祇園祭、時代祭、葵祭、鞍馬寺的伐竹祭、大字篝火儀式、盂蘭盆節等……寓意小說情節好比一幀民俗畫軸，披卷般演繹京都的文化浪潮。

川端在《古都》呈現的無非是承繼《源氏物語》的物哀意象、殘缺美學和悲戀主張，字裡行間不時出現描述日本人酷愛櫻花盛開的語詞：櫻花雖美，生命卻短暫不久，留予人類「刹那之美」的喟嘆等等。這種大和民族特有的物哀情結，充滿憐憫、感動、慨歎、同情與絕美，可見川端作品常將這類情懷賦予女主角，尤其生活在底層社會的婦女；他把這些人出身的悲哀與苦痛，描寫得純眞透明，不摻一絲罪惡，進而形成川端的女性文學特質，獨具深沉格局。

川端的小說成就，是能清楚把日本「物」與「哀」的情愫分離，作品偏重「哀」，而將「物」的面向模糊，著意誇大「哀」的一面，並把「哀」作爲審美主體，讓小說中的人物，束縛在個人遭遇情感的哀傷悲嘆，以及沉溺於內心矛盾的糾葛，這些以物哀爲本位的小說創作，顯然受到日本古典傳統「物哀之美」，又滲透佛教禪宗的影響甚鉅，以「生、滅、生」的模式爲中心，然後在美的意識上重視冷艷、無垢、無常和虛無，進而渲染他最純粹的儒雅美學。

《古都》就是這樣一部充滿女性哀愁意識的清雅小說。

等不到滿開就自己散落的櫻花
——象徵滅絕美學的三島由紀夫和金閣寺

文／陳銘磻．繪／Jupee

一九二五年一月十四日出生東京四谷區永住町的三島由紀夫，原名平岡公威，是平岡家長男，祖父平岡定太郎，祖母夏子；父親平岡梓，曾任農林省水產局長；母親倭文重。三島之後，另有妹妹美津子與弟弟千之二人。

三島出生時，體重僅兩千五百三十八公克，體質孱弱，生後四十九天，祖母以他的父母住在二樓撫養新生兒很危險當藉口，硬從襁褓中搶奪過去。是日，他便住進一間門窗始終關閉，空氣瀰漫嗆鼻藥水味和老年人氣息，嬰兒床擺放在祖母病榻旁的房間，被養育照顧。

他的幼年和少年時代，讓兩個極端女人撫育長成，由於祖母過分溺愛，形成長大後傾向孤獨、女性化的特質，加上祖母身體經常發病、時起家務爭執，以及個人耽溺在童話故事的空想世界，他不認爲社會的結構會比堆積木複雜，即使有朝一日成人，必須走進社會，也不認爲會比童話世界還要光怪陸離。因爲，他早已從祖母教養的「限定」中，滲透某種對願望的絕望。

年少時期，喜歡穿搭母親的衣服，臉上撲了薄薄白粉，按捺不住喜悅的心情，扮演起在新宿劇場表演魔術的松旭齋天勝的角色，無所顧忌的進出祖母起居室；縱使訪客在座，也不致引起任何騷動。這是三島自戀式的角色扮演的開端。

一九三二年，三島六歲，被祖母執意送進專供皇室貴族子弟就讀的學習院初等科入學。十歲，竟能沉潛在文學創作的領域，發表散文〈春草抄．初等科時代的回憶〉，十三歲，又在學習院的《學習院輔仁會雜誌》發表處女短篇小說〈座禪的故事〉及〈酸模．秋彥兒時的回憶〉。

正是祖母用心培育，促使他得有機會接受歌舞伎和能劇的薰陶，長大後投身藝文創作、演出，從而與文學結下不解之緣，同時造就他古靈精怪，既狂傲又自卑的矛盾性格。

所有的矛盾，就如他出生大正末期，成長於昭和戰亂時局，歿於四十五歲「救國妄念」（註1）的青壯鼎盛之年；情勢迷亂，愈使他的文學創作，充滿耀眼光芒，一如川端康成所言：「三島君早熟的才華，使我感到炫惑，感到不忍。三島君的新奇特異是難以理解的，正如對他本身，也是不容易理解的。也許有人不以爲三島君是背負許多創傷來完成他的作品，但也許有人已看出，他的作品，乃由累累的重傷中產生，這種冷酷的毒液，絕不是希望人去啜飲它，它具有一種強度，但卻好比脆弱的人造花那樣，也帶著一盆好花那種活生生的姿態。」

天才也需要養成教育。三島的成長教養，固然曾被束縛在兩個具有偏執意識的女人身上；然而，成年後的文學創作，他所展現使人讚嘆的作品，不也是來自這種奇異能量的驅動嗎？

一九四六年，時年二十一的三島，剛從戰場遣返，加上妹妹美津子傷寒去世，他對生死有了眞切體驗，自此，藉由寫作擺脫心中傷痛，逐漸透露消沉意識。縱觀著作：《假面的告白》、《愛的饑渴》、《禁色》、《金閣寺》、《午後曳航》、《春之雪》、《奔馬》、《曉之寺》、《天人五衰》、《繁花盛開的森林》、《潮騷》等，對淒絕的美和死亡的覺悟，恰如評論家村松剛所說：「三島的每一部小說都是一場絢爛豪華的夢。」

他運用文學支持他對死亡美學正常化、合理化的態度，創作無數膾炙人口的作品，這種看似單純的小說寫作，確實經過巧妙設計，他對滅絕美學的信念如同被某種惡性病毒入侵，最後連自己都深陷「我期待自我毀滅。活著是爲了死，經過短暫的生之涯，我衷心盼望那一刻早日到來。」

如此看來，著重「滅絕爲美」的三島，小說中貌美的年輕男子，大都命途乖舛，不得好生好死。《假面的告白》的近江、《禁色》的悠一、《午後曳航》的龍二、《豐饒之海》四部曲的松枝清顯、本多繁邦、飯沼勳、安永透；甚至，爲了擺脫美的羈絆、對美的詛咒，就連「美得驚人」的《金閣寺》也遭患有口吃的僧侶引火焚燬，唯獨《潮騷》的新治，幸運逃過被死神臨幸的命運。

三島文學，集浪漫、唯美與古典於一身，尤其對男性肉體崇拜的極致描寫，爲各方公認。在男體美學追尋上，三島著力於深層心理的挖掘，試圖從隱晦的頹唐中探索人性假面。據悉，《金閣寺》付梓前，評論家中村光夫曾向三島建議：「我認爲刪去第十章火燒金閣寺的場景，好不好？」三島回答：「但是，做愛到了一半卻中斷，對身體是有害的啊！」

美的靈魂在《金閣寺》被三島擾亂了，他創造美，棲息美，毀滅美，心中的美盡是滅絕；他用華麗的文字，截取貴氣之美、絕對之美，最後仍不免以死絕盡。執拗追逐滅亡幻影的人，三島的作品是死亡美學相互迭興的精粹，更是他文學創作的根本。

金閣寺原名鹿苑寺，一三九四年由室町幕府將軍足利義滿建造，模擬極樂世界的想像構圖，採行淨土庭園形式設計，金箔樓閣坐落鏡湖池畔；鏡湖池爲佛經預言的七寶蓮池，池中各色奇岩象徵九山八海。夕陽下，璀燦的樓閣倒映碧澄池水，迷濛水影襯照衣笠山色及滿園扶疏花木，美不勝收，因此譽稱「金閣」。

一九五〇年七月二十日，一位就讀大谷大學，韓國籍的見習僧人林承賢引火自焚，金閣寺燒燬，大殿供奉的國寶、足利義滿雕像一併化爲灰燼。金閣遭焚燬震撼日本，不久，三島的同名小說《金閣寺》、水上勉的《五番町夕霧樓》相繼以這則新聞爲題材，寫作成書。

《金閣寺》爲三島創作中期的代表作，全文發表於一九五六年《新潮》雜誌，後由「新潮文庫」出版，次年榮獲第八回讀賣文學獎；三島在自述中說：「這部作品『完全利用了自己的氣質』，成功地『昇華了思想』。」由是，閱讀《金閣寺》不由得令人對作者在文字中表露近代知性、傳統的日本美學，所彰顯的典雅、曼妙的文筆所傳達的藝術境界，讚佩不已。

評論家奧野健男讚賞《金閣寺》是集三島美學大成，最高水準的文學作品。

《金閣寺》能在世界文壇閃爍光芒，除了作者以巧思布局縱火者燒燬金閣的行爲，構築「瞬間即永恆之美」的信仰，三島華麗的文字建構的文學堂奧，更是這部小說經過半個世紀後，仍爲讀者愛不釋手的主要原因。

相較於這本與美同擁盛名的書引起世人注目，金閣寺則是旅遊京都最具象徵性的文學地景。■

註1

三島在日本防衛省挾持陸上自衛隊東部方面隊總監，於露臺進行政變演說失敗後，切腹自盡，史稱「三島事件」。

壽岳章子——回憶往昔一切如翻閱長篇繪卷

文／楊双子・繪／Larda

那肯定是一篇長長的繪卷。

繪製所用不是精細的工筆，也沒有華麗色彩，正好相反，那長篇繪卷用筆古拙，顏色寡淡，細節瑣碎，找不到重點……。我說的，正是壽岳章子的隨筆「京都三部曲」：《千年繁華：京都的街巷人生》、《喜樂京都：千年繁華2》、《京都思路：千年繁華3》。

中譯本給壽岳章子的京都三部曲綴了「千年繁華」的字眼，我後來總忍不住笑。壽岳章子自言京都的迷人處是「一種非關繁華，也不屬於熱鬧的、安定而紮實的存在感」，明白表露了其人觀點。她筆下的京都並無「千年繁華」意象的瑰麗華美，只是日常生活的京都，是優雅老婦人的話家常憶當年，絮絮叨叨那些家事民藝、衣著飲食，那些街巷山野和屋宇寺廟，唯獨那裡靜悄悄折射幻夢幽光，閃現京都之所以爲京都的千年底蘊。

千年時光斂藏的人事俱已古老，昔日的煙火璀璨到今全歸沉靜，老太太的緩言慢語不免考驗讀者耐性。我初讀壽岳章子是大學時代，很快不耐煩丟在一邊，這兩年認眞考察大正到昭和初期的女性生活史，有心讀起來才暗暗嘆服又動容。嘆服的，是壽岳章子質樸的文筆，竟然能將安靜深邃的京都光景凝結為一塊琥珀，白描成一幅繪卷。動容是細瑣家事寫出人情，潤物無聲，令人心頭柔軟，有時會讀濕了我的眼睛。

「聽說，沒有在京都居住超過三代，就不能算是京都人。」壽岳章子的父母是遷居京都的第一代，沒有到達標準，可是說了這話的同時，章子平淡地言稱自身生活與京都關係緊密，「會一直持續到我不在這世上為止」，話裡有一派生死不渝的氣度。

京都三部曲宛如誓言的見證，第一部曲《京都的街巷人生》，以四個章節漫談自家居住風情、服裝故事、飲食生活、精神生活，第二部曲《喜樂京都》分兩大區塊即「祇園祭」、「京都憶舊」，到第三部曲則細寫諸多街道：周山街道、鞍馬街道、敦賀街道、丹波街道、一號國道、西國街道、奈良街道……總的來說，這是壽岳章子從裡到外的自我寫生，一層層是家人、家庭、家屋、親友鄰居，是街巷、城鎮、山野，是民間藝術和時代文化，是人情和大自然，共構經緯交錯的京都風貌。

而那是家長裡短的京都。

壽岳章子出生於一九二四年的小康之家，雙親都是知識分子，少女時期逢上日本帝國走向戰爭與衰亡的階段，卻也在戰爭期間負笈東北帝國大學，戰後完成京都大學舊制研究所的學業。那不僅是女性升學相當困難的年代，還是一代人都歷經戰亂的年代，章子卻對大時代輕描淡寫。章子寫京都也是這樣，擱置輝煌恢宏的，專注凝望那些起居瑣事。

童年的章子留意東山的日升月落，心底映照那八蓆榻榻米房間裡散落的一地月光。與童年玩伴嬉戲於墓地，感到每個墳墓的可親可愛。周遊寺廟，目的是白吃白喝廟裡的酒糟醬湯和糯米丸子。及長的章子，侃侃而談掃帚、抹布、榻榻米，以及買來做吊掛掃帚與雞毛撢子的三味線琴弦。提起專治蜈蚣螫咬的「蛇頂石」現已不存，「在這個已經可以登陸月球的時代，被小小蜈蚣咬一下卻還是很困擾的。」日漸年邁的章子唏嘘時代變遷，仍是溫柔帶點俏皮的口吻。

我特別喜歡壽岳章子談飲食，喜歡她談住家起居的細節，像是她說「我絕對不想把地板全改成木頭，不管怎樣，還是榻榻米比較好」，因爲榻榻米可以愜意躺臥、隨意匍匐，可以邊吃豆子邊看喜歡的書。也像是她說，在餐桌上看見醃漬蘿蔔葉，便知時節進入五月，看見甜醋薑便知是秋天了。像是她說，家裡餐廳火盆燒炒點心的香氣，總是凝聚全家人邊吃邊聊，度過許多歡笑時光。

其實章子落筆寫京都往事，筆下許多親友已經是故人，第一部曲寫在母親、第二部曲是父親過世之後，文章卻未曾流於感傷，多是記述甜美光陰，讀時我偶爾眼睛濕潤，偶爾微笑。第一部曲以這樣一段話作結：「儘管上一輩的人漸漸凋零，我也慢慢年華老去；回憶往昔的一切，仍舊像翻閱古色古香的長篇繪卷一般，令人回味無窮。」我喜歡那語氣高雅溫婉，一如這座古都。■

楊双子

本名楊若慈，一九八四年生，台中烏日人，雙胞胎中的姊姊。三十歲與妹妹若暉死別。楊双子原為雙胞胎共用筆名，真正啟用時僅餘姊姊一人。楊双子所寫一切，都獻給若暉。近作為《撈月之人》、〈木棉〉。

宮尾登美子——京女的抉擇

文／吳若彤・繪／Larda

之一

洛北大原（註1），沿著紫蘇田往翠黛山方向走去，山腳邊有一座小而美的寺廟——寂光院。秋季咬紅的楓葉在入口處舒展一年中最鮮艷的姿態，專賣紫蘇醃茄的醬菜店就在對面。院內的本堂供奉著地藏菩薩，庭院裡生長著堇色的忘都花，寶物殿裡則收著一幅用髮繡成的佛經。點滴都是建禮門院（註2）德子在平氏勢力（註3）消亡後在此度過餘生的蹤跡。宮尾本的平家物語許其子安德天皇苟且續命的結局，但母子是生離死別了。身為一個活在平成年代的女性小說家，宮尾登美子結合這三種身分重新詮釋這部中學時代接觸的古典，走訪德子的大原，俊寬的鹿之谷等相關之地，以《青龍》、《白虎》、《朱雀》、《玄武》四卷書寫平氏一門二十多年的榮枯。跳脫成王敗寇的史觀重新評價平清盛與源義經等人物，並給予女性角色更多的著墨，推崇為平氏一門操持的清盛之妻——時子的貢獻。另在《平家物語的女人們》中捕捉這些女性的身影，為她們書寫歷史。

之二

茶釜放在爐裡加熱，釜裡的水燒滾發出的聲響有個風雅的名字——松風。京都的大德寺是與茶道淵源極深的寺廟，至今每月的二十八日仍是月釜——月例茶會之日。歷經明治時期遷都與急遽西化的動盪，守護松風傳家的茶道一類的藝道之家也面臨嚴峻的挑戰。京都的茶道世家——裏千家，表千家，武者小路千家的三千家等宗派各自走過明治大正時期轉型的陣痛，守住了京都的茶道傳統。描述以明日庵爲據點的茶道宗家．後伴之家興衰起落的《松風之家》，便是這段歷史過程的縮影。後伴之家歷經家元（類似掌門人）的變動，承擔家業復興的重責大任便落到十二代家元之女由良子身上。由良子支持著十三代家元進行茶道的改革與普及，如開發出簡化版的茶禮——略盆手前等等，直到家業穩固。由良子與其家族的身影似乎是取材自茶道裏千家的歷史，明日庵是裏千家總部「今日庵」的化名。通篇人物之間的對話都以京都腔呈現，更是突顯出所謂的「京都事」。

之三

所謂的錦，是使用兩色以上的色線或是金銀線華美地編織而成的紋織物總稱，現在也廣泛地稱做美麗事物的比喻。（「錯看似畫的錦」宮尾登美子）。宮尾登美子最後的長篇——《錦》，是宮尾文學中最初也是最後以男性爲主角的作品。初版的封皮仿「円文白虎朱雀錦」織紋，朱色底配上金框柳綠底的圓環，環中兩隻金虎相對看，「被絢爛織錦的魔力附身的男人，將靈魂奉獻給男人的女人們的愛與愁」。京都吳服（按：和服）產業的集中地——西陣，曾有個爲織物賭上一切的傳奇人物，菱村吉藏。大阪的生家家道中落後在西陣經營吳服生意，不久便全心投入織錦技術的研究，「編織溫故與知新」，吉藏致力於織錦的技術革新以及古代織法的重現，創造出的「織物美術」提升了織品的藝術層次，也振興了因西化面臨衰退的吳服產業。芥川龍之介也曾盛讚它的藝術境界，包含宮尾登美子在內的同輩女性們夢寐以求的「龍村錦帶」，出自今日龍村織物美術的初代平藏——吉藏原型的龍村平藏之手。輔佐他的三位女子也是通篇的靈魂人物。

終章

身著朱色振袖和服，手執舞扇跳仕舞的女性——日本畫「序之舞」，出自生長於京都中京區的女性畫家上村松園之手。捨棄明治女性相夫教子的一般道路選擇投身繪畫並成爲未婚母親，飽受社會觀感壓力仍堅持自己的道路，最終成爲「東有鏑木清芳，西有上村松園」的日本畫大師，也是宮尾文學中的島村津也與小說《序之舞》。

作品曾獲多項文學獎並改編成戲劇，本人則獲選爲文化功勞者，宮尾女士始終在捕捉女性尋找自我道路的一生。作品中活躍的京女們，囿於傳統文化或傳統式微的困境，掙扎著活找出活路並堅強地貫徹。女性議題總是宮尾文學的原題，而京都的氛圍更是激發出這些女子們爲求生存的無限潛能。命運多舛的作家深信人要蓋棺才能論定，這也是她喜愛創作長篇好捕捉主角生命中每個轉折之因。作家給今日女性的鼓勵，或許正是京女的韌性。

註1

位於京都市左京區東北部，比叡山的西北麓，屬盆地地形。大原這個名稱初見於平安時代，在平安期為平安京與若狹灣（位於福井縣）的中繼點而繁榮。與比叡山比鄰而深受延曆寺影響，有許多天台宗系統的寺院座落在此，如三千院、寂光院等，成為躲避戰禍的人們隱居或出家的聖地。

註2

平清盛與正室時子的長女——德子出家的法號。德子受安排成為高倉天皇的皇后，之後誕下的皇子又由位極人臣（任太政大臣）的父親扶持為安德天皇，使得母族權勢與榮華達到頂峰。然在平清盛歿後，對平家的驕橫早存不滿的各地源氏勢力紛紛起兵討伐，是為治承壽永之亂（即源平合戰）。平家最後西逃到壇之埔，即關門海峽兵敗，年幼的安德天皇與代表皇權的三種神器投海。德子在平家政權滅亡後在長樂寺出家，遷往大原的寂光院隱居。

註3

源於平安朝的天皇們為保衛政權組織皇族成立的武人集團，如桓武天皇的桓武平氏。平清盛屬桓武平氏系統的伊勢平氏，其父忠盛得以參與政治並從事與宋（朝）貿易成為巨富，逐漸壯大一族。平清盛承繼父輩的資源並持續發展，擊敗源氏勢力後權傾朝野。然平氏最終衰亡之因，有學者指出與當時社會的經濟危機造成平家財富縮水使得勢力無以為繼有關。

川面倒影的人性疙瘩——森鷗外的高瀨川

文／倉本知明‧繪／Larda

眾所皆知，明治天皇的逝世以及乃木希典將軍的切腹殉死（一九一二年）之後（註1），文豪森鷗外開始轉向歷史小說的創作。他把自己的創作分為「遵照歷史」與「脫離歷史」兩個時期，前者完全依據史料創作，例如〈興津彌五右衛門的遺書〉（一九一二年），〈阿部一族〉（一九一三年）等，後者則藉由歷史事件鋪陳，吐露作家本人的理想及信念。〈高瀨舟〉（一九一六年）以江戶時代的京都為背景，便是以歷史小說的短篇形式，企圖表達鷗外本人對於安樂死議題的獨特見解。根據江戶時代從事京都奉行所（類似於衙門組織）的神澤杜口所寫散文〈翁草〉（註2）改編，鷗外在〈高瀨舟〉裡細述歷史上無名的庶民們艱難的命運。

江戶時代，當京都罪犯被判決流放之刑時，將先以高瀨舟載著罪犯到大阪後，再送至外島。小說的第一主角喜助因殺了親生弟弟而搭上高瀨舟，卻無面露憂傷，遣送喜助的京都同心（類似現代的警官）羽田庄兵衛覺得納悶，於是詢問他犯罪的經過與動機。喜助緩緩道來：父母雙亡，成為孤兒的兩個兄弟從事西陣織布工作，體弱多病的弟弟不堪貧病交加，不想成為哥哥的累贅，選擇自刎而未死。弟弟因為自殺失敗感到十分痛苦，因而喜助在弟弟的哀求下，硬著頭皮幫助他「自殺」，當場拔掉弟弟喉嚨上血滴滴的剃刀。

瀰漫沉默的深夜裡，在高瀨舟上，庄兵衛默默傾聽喜助的告白，不禁懷疑這項罪名的合理性。但後來卻不再去想，決定把一切的判斷都交給官方。（註3）

他們搭上的高瀨舟是長寬十三公尺，橫寬二公尺的杉材川舟，當時承載米、炭、酒、木材等民生物資，縱貫京都市區。一六一一年，由京都富商角倉了以、素庵父子集資開鑿的高瀨川，從二條引入鴨川河水，與鴨川平行往南，直至十條匯合後流經伏見，最後至宇治川流入大阪。全盛時期，約有兩百艘的高瀨舟不斷往返京都市區，十分壯觀。昔日的高瀨川曾是貨物集散地，木屋町、樵木町等沿川的驛站因而迅速發展成當時京都第一的鬧區。正因高瀨川背後這樣的歷史背景，才有我們現在所想像的櫻花垂柳下潺潺流水，傳統的客棧、料亭林立的京都之美！明治二十七（一八九四年）年，因琵琶湖疏水（水渠）開通，高瀨川的運貨量大幅減少，再者隨著鐵路交通的發展，高瀨川也算是完成了運送路的時代任務，在大正九（一九二〇年）年正式廢止其運輸機能，功成身退。鷗外反倒藉由書寫〈高瀨舟〉，將全新的文學氣息重新吹入了京都以往的繁榮地之中。

鷗外曾在〈高瀨舟緣起〉提起，此作所探討的就是財產概念與安樂死的問題。他是日本文壇上罕見的軍旅作家，對投入軍旅生活的鷗外而言，安樂死的問題比較切合他工作上的需求。身爲軍醫的他披著白袍奔波於許多戰場之間，甲午戰爭後，隨著北白川宮能久親王（註4）參與乙未戰爭登陸台灣，接著經歷高達數萬陣亡者的日俄戰爭，這段期間，他應該目睹許多死亡與受重傷者。（註5）〈高瀨舟〉探索的是，倘若有天遇到受重傷者時，我們該如何面對他的生命／死亡？（話說，鷗外的長女森茉莉患重病時，鷗外曾認眞考慮是否要以安樂死結束女兒的生命。）

換句話說，我們藉由夜晚的高瀨舟上懷疑王法的庄兵衛的獨白，能夠看出「脫離歷史」的鷗外本人的苦惱與無奈。現今當人們討論安樂死議題之際，日本人依舊會參照〈高瀨舟〉中提起的種種問題。關於安樂死（現代日本亦稱爲「尊嚴死」）的議題，我們仍然坐在高瀨舟上傾聽「加害者」的告白，上下顛簸的船身至今停滯不前。殺害自刎未死的「被害者」究竟算不算犯罪？社會該如何面對如此際遇的「加害者」身上所潛藏委屈的動機，以及背後若隱若現的貧富差距？我們仍然尚未完全解決一百年前鷗外在〈高瀨舟〉裡提起的諸多問題。（註6）

當前，高瀨川成爲京都第一歡樂街，尤其是春天綻放的櫻花與垂柳總會吸引著各國旅客。現在唯有「一之舟入」（指船隻靠岸的遺址）上浮起的高瀨舟模型供人追念昔日繁榮。但仔細觀察，你便能看出縱貫千年古都的運河上映出的文豪煩悶及無法解開的人性疙瘩吧！■

註1
日俄戰爭的英雄乃木希典（一八四九年至一九一二年）在明治天皇大葬當天，為了天皇與陣亡的將士，再以十字形切腹殉死。當時許多知名作家，如夏目漱石〈心〉、森鷗外的〈興津彌五右衛門的遺書〉、芥川龍之介的〈將軍〉等，陸陸續續將乃木將軍的殉節事件寫進文學作品，檢討近代殉死之意。附帶一提，乃木希典因參與乙未戰爭有功，曾經擔任台灣第三任總督。

註2
一七一〇年至一七九五年，江戶時代中期的京都散文家、歷史家、俳人。四十歲後請辭京都町奉行所與力職務（類似警察署長），專心於著述活動。晚年完成兩百卷的散文集〈翁草〉。

註3
鷗外在本文中使用 autorit，意味著「權威」的法文。他故意讓江戶時期的官吏使用法文，讓讀者了解故事中提到的問題至今仍舊尚未解決。

註4
一八四七年至一八九五年，江戶時代末期至明治時代的日本皇族、軍人。曾赴德國留學，留學期間與一位德國寡婦訂婚卻被日本政府反對，歸國後被幽禁於京都。其經歷與曾經和一位德國女子談戀愛的森鷗外極像。乙未戰爭時病歿於台南，死亡後被日本政府神格化。

註5
關於戰爭中撰寫的著作，森鷗外幾乎沒有留下戰爭具體的內情，只撰寫軍中日常職務內容而已。讀者只能從〈徂征日記〉、〈うた日記〉等著作裡的短歌俳句中猜測他對戰爭的想法。

註6
擁有優生學思想的「日本安樂死協會」從一九八三年起把其名稱改成「日本尊嚴死協會」，刷新負面形象。當下的日本禁止主動為病人結束生命的安樂死，但對在家屬的意願下有意停止療程的被動安樂死較寬容。在這種情況下，以大學教授及疑難病患為主的市民團體藉由高喊「橫行殺人、自殺輔助」的口號，強烈表態反對安樂死的法制化。

迷失方向般在小街盡頭轉彎，撞上一片宮崎駿風格的風景。
據說遣唐使空海攜回的紅豆種子栽培於此，二尊院故稱「小倉餡」發祥之地。

雪金閣

文／陳銘磻

某年十二月冷天，偷得空暇到京都旅行，以爲在嚴寒酷冷的冬日去到川端康成《美麗與悲哀》的小說背景地「知恩院」聆聽除夕鐘聲，預期能遇上細雪紛飛，並感受男主角小說家大木年雄和分隔多年不見的女主角畫家上野音子，以及音子的女弟子慶子，三人的畸戀情緣。

人在寺院山門走道齊整列隊進入，只見眼下黯夜庭苑花色沉鬱空寂，一片冷清。才入冬不久，期待雪花飛揚的奇景，不知隱身何處？冷然寒風裡，知恩院枯澀的櫻木枝椏，縱橫交錯盤結在人行緩緩走過的彎曲步道，兩側不時傳來聒噪烏啼，穿透樹梢間隙，流進耳裡。

冷鋒未歇的寒夜，一百零八響除夕

鐘聲可是聽到了，心和靈魂也被重重撞擊了，猶未見著涼野飛雪，不免失望。

直到數日後，計畫前往大德寺旁的紫野雲林院，尋找紫式部墓所的公車上，車窗外遽然旋風似的吹襲一陣像雨又像雪的水滴，斜披滑過玻璃窗，耳邊倏忽傳來車內一位女性日人低聲說起：「雪が降る」。降雪了，降雪了，眞是下雪了。這時公車正巧行駛在金閣寺附近，心意不做二想，未加猶豫，便從容到站下車。

歲月悄然門前過，匆匆晃眼好幾年，日本旅行近四十載，過路京都無數次，好似行走台北城一般熟識，卻從未遇上京都下雪這回事。而今京都北區眞是降雪了，神妙奇特，不可思

議，心情也意外晴朗起來，便開始拚命清除幾天來蒙塵心內的悒悒不樂，撐起傘，不慌不忙走進初雪紛飛不絕的迷濛之中。

被認爲是室町時代北山文化代表性建築的金閣寺，高三層閣樓，主建築「舍利殿」緊鄰鏡湖池畔，一樓爲藤原時代樣貌的「法水院」，屬寢殿造，也即平安王朝貴族的建築流風；二樓爲鎌倉時期的「潮音洞」，爲武家造，意指武士建築風格；三樓爲唐朝風貌的「究竟頂」，屬禪宗佛殿建築。二、三層外表飾滿金箔，映入鏡湖池，顯現耀眼幻影，無比雅致。

旅行京都，見識過朗朗春日晴空、紅豔秋楓輝映、灼灼夏陽籠罩的金閣，在在顯得肅穆、沉靜，任誰相

見，無不喜難自抑的驚呼美如夢境啊！恍惚間又不容輕易發出聲響，深怕稍微不慎，憨乎乎吵醒沉睡金閣，無端擊破這幅被三島由紀夫描繪成「就像沉落在裡頭一艘巨大而黑鏽的金船」的美麗畫景。

「金閣遙遠可見，她在樹叢搖曳的包圍下，一動也不動的矗立，但絕不是在酣睡中，好像是夜的守護神。」圖謀焚燬金閣滅絕美的僧侶一再掙扎：不要被金閣的幻象欺騙。

眞是，金閣之美，不易描摹，不容置疑，她美麗的身影僅限留駐心中，悄悄感動。這是閱讀《金閣寺》原著，隨後親身到訪金閣眞面之後，唯一的共鳴。

這天午後，金閣寺氣溫冷冽，行路

人越來越多的狹窄馬路，皚皚白雪紛飛急躁，好似一下子光景就要一股腦如數落盡一般，急急迴旋飄浮，折返到眼前，已然一片白茫茫。

未嘗見識過的「雪金閣」，不易見著的「雪金閣」，眞如作者敘述「金閣已不是不動的建築物，而是現象界虛幻無常的象徵」那麼美嗎？

記憶果然是一條長河，不時帶來瞬間的靈魂觸動，雖則印象本身隱晦不明，能讓人想起來的東西越來越少，即使勉強想起也感覺模糊不清，如今再次回憶，近四十年來，記憶中的金閣盛景確乎依稀似昨年。

青年來探雪花，老年來看金閣，我來聆聽經典文學作品裡的雪金閣。「這立體的金閣，在雪地烘托下，更顯得

像是與世無爭的畫中景物。兩岸楓樹枯枝，掛不住雪片，使得這一片楓樹比往常更顯光禿。」三島如是描述。

這時，金閣寺雪落無聲，眾生靜謐。冰雪把金閣包圍，把鏡湖池捧入手心，把夕佳亭、漱清亭拋擲到臨近山腳。喜歡三島在書裡這樣敘景：「漱清亭旁邊，蓮花塘的水注入鏡湖池，形成一帶小瀑布，周圍有一半圓形的柵欄圍著。附近燕子花叢生。最近幾天，花朵綻開得格外美麗。夜風吹來，燕子花下的草叢，沙沙作響。懸掛莖上的紫色花瓣，在靜靜的水聲中瑟瑟顫抖。」

啊！文學的鹿苑寺，風雅的雪金閣，眼前徒增一片如煙渺渺的妄念幻想。

陳銘磻

曾任國小教師、電臺廣播節目主持人、雜誌社總編輯、出版社發行人、電影編劇。耕莘寫作會主任導師、救國團復興文藝營駐隊導師。獲二○○九年新竹市名人錄。大愛電視臺〈發現〉節目主持人。以〈最後一把番刀〉獲中國時報第一屆報導文學優等獎。曾獲金鼎獎最佳出版品獎。《情話》、《軍中笑話》、《尖石櫻花落》入選金石堂暢銷書排行榜。《香火》、《報告班長》、《部落・斯卡也答》為電影原著。著有：《賣血人》、《最後一把番刀》、《父親》、《陳銘磻報導文學集》、《夢浮伊豆》、《花心那羅》、《雪落無聲》、《新店渡》、《青雲有路志為梯》（中英文版）、《在旅行中遇見感動》、《微笑，花散里》、《安太郎の爺爺》、《我在日本尋訪源氏物語足跡》、《我在日本尋訪平家物語足跡》、《川端康成文學の旅》、《三島由紀夫文學の旅》、《跟著夏目漱石去旅行》、《跟著谷崎潤一郎遊京阪神》、《跟著坂本龍馬晃九州》、《跟著芥川龍之介訪羅生門》、《我在京都尋訪文學足跡》、《我在奈良尋訪文學足跡》、《作文高手大全集》、《片段作文》、《情緒作文》、《國門之都》、《誇飾作文》、《木藝師游禮海》等百餘部。

p.088—p.094

雪金閣（陳銘磻／攝影）
金閣寺雪景（陳銘磻／攝影）
|
雪金閣鏡湖池（陳銘磻／攝影）
金閣寺陸舟之松（陳銘磻／攝影）
|
金閣寺夕佳亭雪景（陳銘磻／攝影）
京都金閣寺（陳銘磻／攝影）
|
金閣寺晴雲軒雪景（陳銘磻／攝影）

「京嫁」之都
——探訪宮尾登美子文學中的京都舊事

文／吳若彤

已故作家，同時也是日本文化功勞賞得主宮尾登美子女士，中年再婚後成爲「京嫁」（京都媳婦），生活在京都的女子們成了她捕捉的對象。京女，深受傳統文化薰陶典雅而溫婉，卻一骨子堅毅。宮尾女士讓京女們面臨許多考驗與挑戰，激發出無比的強韌與勇敢。文字之外，培養出這些女子的眞實的京都是怎樣的一方水土，值得一探究竟。

第一站 ——《宮尾本平家物語》建禮門院與寂光院。

從出町柳的公車站乘坐開往大原的京都巴士（往大原路線之一），一路沿著鴨川右岸的川端通往北行駛。夾道兩岸逐漸變窄，進入大自然包圍的村落景觀；歷經近一小時的車程，抵

達終點大原。確認時刻表後，順著指標往建禮門院隱居的寂光院出發。

與上坡路都是商家的三千院沿路不同，前往寂光院的路途是店家三兩間的寧靜鄉間小路，路的盡頭連接翠黛山，山腳下便是寂光院與大原名產—紫蘇醃茄子「柴漬け」創始店「翠月」。寂光院是聖德太子為替父親用明天皇祈求冥福所建，境內小而美，有一座茶室「孤雲」；本堂供奉地藏菩薩，建禮門院與大原女裝束的近侍阿波內侍木像，千禧年曾毀於祝融，之後重建。寶物館收藏著建禮門院為求家族冥福用頭髮繡成的佛經與其他遺物。每年黃金週期間舉行的大原女祭，大原女隊伍從寂光院出發，裝束據說是仿

建禮門院與阿波內侍的服裝。

平德子曾享盡世間榮華，遁入佛門後爲平家潛心祝禱，自給自足，一傳就是「柴漬け」醬菜的發明者。身分的轉換，有無奈，有悲傷；靜謐的大原一隅乘載的，更多的是韌性吧。

第二站 ——《松風之家》茶道與大德寺。

大德寺是臨濟宗大德寺派的大本山，「大德」得名於首先在此地結庵的大燈國師（日文發音相近），一三一五年正式創建。之後隨著政治更迭，大德寺幾經興衰，甚至一時荒廢。千家茶道的千利休歸依後大德寺與茶道結下深厚的因緣，幾乎所有的塔頭（按：禪宗弟子爲追慕開祖或先住持建的別院）都有茶

室。今日每月的二十八日是月釜的日子，數個塔頭會舉辦茶會。《松風之家》中以裏千家爲藍本的茶道世家——後伴家，諸多的活動都離不開大德寺。

大德寺境內有許多名勝文物。其中終年開放的龍源院，有洛北苔寺之名，據稱是大德寺內最古老的寺。方丈（按：主持居住的屋子，四方皆一丈長）四方都有庭園，沿著方丈走廊走一圈，便可以鑑賞各種形式的枯山水庭園。北庭是室町庭園「龍吟庭」，是杉苔地的石庭。南庭是名爲「一枝坦」的枯山水庭園，白砂地爲底配上苔石。東庭則是昭和時期的壺庭「東壺滴」，是日本最小的庭園。坐在走廊外緣凝視著禪意的石庭，旅

途的僕僕風塵似乎被這片寧靜滌淨了。

終站——《錦》絹織業與西陣。

西陣，應仁・文明之亂（1467-1477）時西軍的本陣所在因而得名，約在今日今出川大宮（今出川通大宮通交叉口）半徑一公里內的範圍。平安時代大宮這一帶曾設置織物司生產絹織品，之後也出現民間的織人（紡匠）；前述的戰亂後避亂的織匠們聚集到西軍陣地，生產的織品開始被稱作西陣織。其後西陣的織品相關產業蓬勃發展，全盛期一日的交易量可達到千兩，今出川大宮因而在江戶中期得名「千兩十字路」。

然而隨著現代化發展，傳統產業受到衝擊出現夕陽化的危機，有些織匠

們力圖改革技術與花樣等的革新，即《錦》中菱村吉藏的努力與龍村錦帶的成就，但產業已不復榮景。今日西陣的工坊雖多已停機，然而作業型態不同而結構各異的京町家建築仍十分有特色，如裏屋能放下數部織布機的「織屋造」。明治時期開始在西陣經營吳服批發的富田屋現今開放爲美術館與日本文化教室，讓遊客能在這棟國家登錄爲有形文化財的京町家一窺昔日西陣的生活。

　尋找老巷弄裡的京町家咖啡店是遊覽西陣的新方式。文化香氣滿盈的寂光院與大德寺，也有著未來如何存續的挑戰。未來的變化不可知，但唯一確定的，就是京女們不會缺席。

吳若彤

因川端康成的《古都》與古都京都結下多年之緣。台灣大學日文系畢業後，負笈至日本京都大學攻讀碩博士班，學習日本近現代文學。研究之餘，曾修習穿著和服、日本茶道、三味線等日本傳統技藝等身為京女的必須修養，參與京都在地人的生活點滴等等，發掘文字之外的京都之美與日本文化精髓。曾任《秋刀魚》京都採訪隨行口譯之一，線上誌「說書」撰寫「司馬遼太郎台灣紀行書評」，《聯合文學雜誌》訪問直木獎得主《流》作者東山彰良母親、谷崎潤一郎紀念館，京都採訪隨行與文章撰寫等。

p.096
|
p.102

秋常寂光院（曾郁雯／攝影）
出町柳車站（吳若彤／攝影）
|
寂光院一景（陳銘磻／攝影）
踏著石階邁向大德寺之門（蘇維翎／攝影）
|
龍源院內（吳若彤／攝影）
掛上暖簾的富田屋（陳銘磻／攝影）
|
富田屋前說明牌（蘇維翎／攝影）

飛舞高瀬川的螢火蟲

文／倉本知明

大學時代，我很喜歡無所事事地遊走京都河畔。鴨川、桂川、宇治川、天神川……不分晝夜，我隨意穿梭於京都血管般的各處河川。日本鎌倉時代的作家鴨長明（一一五五年至一二一六年）曾經在〈方丈記〉中寫道：「河水滔滔不絕，但已經不是原來的河水。」也許，自古以來，眺望潺潺流動京都河水的人們不得不轉變成耽於深思的哲學家吧。都市動脈似的河畔戶戶彷彿剛戴完牙套後的牙齒一般，端端正正地相對「滔滔不絕」的河水。這宛若間隔相等地坐在鴨川河堤談戀愛的一對對情侶一樣，擁有一種京都獨特的無形規律。天空盤旋的老鷹聽見孩子們跳水玩耍的笑聲，默默俯視河畔邊東奔西跑的人群流動。

第一次走到高瀨川時，我竟然沒有發現那是森鷗外所寫的高瀨川。從霓虹燈閃閃發光的三條通走到料亭櫛比鱗次的木屋町窄路，四處鳴響潺潺流動的河水聲，我在陽剛的石板路上看到細嫩地皮上泛起的一條河川，抬頭又看到在黑暗中飛舞著一條翠綠光芒的線條。「あ，ホタルや。」我自言自語地將視線轉到川面，才發現至今淪爲古蹟的一之舟入上泛起的高瀨舟，寂寞地仰望水汪汪的梅雨瞳孔。我在河堤邊坐下，入神凝望著翩翩飛舞於高瀨川上的一群螢火蟲。

究竟是何時的高瀨川泛起鷗外的高瀨舟呢？我好奇地想。他的高瀨川上泛起的是紛飛的翠綠火星

或者飄飄凋謝的櫻花香氣呢？是鮮紅如血的紅葉抑或是疏疏落落的雪花？無論如何，從那天起，這場光景徹底烙印了我對〈高瀨舟〉的印象。每當閱讀〈高瀨舟〉之際，我腦海中浮現的高瀨川上總是飛舞著把短暫的性命幻化成剎那輝煌的螢火蟲，一隻生命的光輝落在講述刺殺弟弟的囚犯身上，燃燒牠的生之慾望，令人感到何等夢幻的場面啊！

我不曉得森鷗外在高瀨川上是否看過到螢火蟲。但至少他曾經在面臨生死存亡的緊要關頭看到一隻螢火蟲，立刻把牠描述成一首俳句。

一隻螢火蟲　令人喜悅的　露宿

創作日期是明治二十八（一八九五）年六月一日，撰稿〈高瀨川〉二十年前的作品。創作的地點並不是薰風微拂的古都河畔，而是出沒抗日游擊隊的台灣三貂角頂雙溪（現雙溪）附近。當時，軍醫森林太郎（鷗外本名）隨從北白川宮（亦是京都河川之一）能久親王率領的近衛師團來占領台灣。他的〈徂征日記〉細緻地描寫登陸三貂角的近衛師團神速越過三貂大嶺，經過基隆港，再進攻台北城的緊迫戰況。乙未戰爭（日方稱呼「台灣征伐」）造成了巨大的犧牲，尤其是瘧疾病故的士兵約莫一萬兩千名，甚至連北白川宮親王自身都病歿於台南。

第一次出征於「外地」（日本國外

殖民地）的鷗外，居然在他鄉河畔看到相繼倒下的弟兄們，死神隨機拉起每個人的戎裝吹滅他們的生命蠟燭。根據〈徂征日記〉記載，隔天早晨沿著溪流下山的鷗外親眼目睹兩軍的陣亡者。也許，醫療資源不足的情況下，就像〈高瀨舟〉的主角喜助一般，他不得不發揮「慈悲」之心，讓陷入無底痛苦的弟兄們一了百了。

成日置身死亡的恐懼中，忽然出現的一隻螢火蟲，可能讓他感到一些些溫暖的喜悅了吧。或許，鷗外將生之無常比喻成他鄉河畔飛舞的一隻螢火蟲。我不得不想像飛舞於一片黑暗中的一隻螢火蟲，妄想牠從奔放不羈的外地溪流飛到端端正正的內地淺溪，於兩條河川匯合在一起的高瀨川上盡

情燃燒其短暫性命。

我凝視著隨四季千變萬化的高瀨川，繼續胡思亂想。幻想自己搭上高瀨舟，隨波蕩漾的川面萬花筒般地泛起曾經（或未來將會）失去的親人好友，他們熟悉卻又陌生的容貌，轉眼間又消失於層層漣漪上。面前出現與我相對而坐的鷗外，將他的目光移到川面上，輕輕問道：「若是你會怎麼做？」

我沒有答案，只能跟著他一起凝視高瀨川上燃燒自身生命的螢火蟲。倒映在漣漪蕩漾出的川面光輝裡，依舊隱藏著百年仍解不開的生命難題。

倉本知明

生於四國的海灘小鎮。日本立命館大學博士班畢業，專攻比較文學。目前於文藻外語大學講授日本語、日本文化等課程。兼職翻譯，致力於台灣文學的譯介，已出版蘇偉貞的《沉默之島》、伊格言《零地點》日文譯本，明年預計出版王聰威的《生之靜物》譯本。

p.104—p110

下車後沿著三条通走即可抵達高瀨川（郭苓玉／攝影）
緊臨高瀨川的餐廳戶外座（陳怡絜／攝影）

—

橋邊豎立二座石碑（陳怡絜／攝影）
在木屋町通欣賞盛開櫻花（倉本知明／圖片提供）

—

熙來攘往的木屋町通路口（郭苓玉／攝影）
路口偶然遇見的舊書攤子（郭苓玉／攝影）

—

已過花季的高瀨川（劉怡臻／攝影）

京都藝文地點

文／王文萱．攝影／蘇維翎、郭苓玉

きょうと　かんぜ　かいかん

京都観世会館

kyoto kanze kaikan

〒 606-8344 京都府京都市左京区
岡崎円勝寺町 44

這是能樂「觀世流」的專屬演出場地，一九五八年開設，位於京都美術館、展覽館聚集的岡崎一帶。現今能樂有五大流派──觀世流、寶生流、金春流、金剛流、喜多流，其中觀世流可說是人數眾多的大流派。值得一提的，是這裡舞台上的「鏡板」（能舞台正面的木板），上面的松樹，是由京都出身的著名畫家堂本印象（Doumoto Inshou，1891-1975）所繪。除了正式演出之外，這裡也舉辦有解說示範、還能夠親身體驗的「面白能樂館」活動，十分受歡迎。有時會舉辦業餘表演者的發表會，可免費入場觀賞。

きょうと　こくりつ　きんだい　びじゅつかん

京都国立近代美術館

kyoto kokuritsu kindai bijyutsukan

〒 606-8344 京都府京都市左京区
岡崎円勝寺町

這裡原本是「國立近代美術館」的分館，一九六七年獨立出來成為「京都國立近代美術館」。展出內容以近代美術為主，不分日本或海外、不分領域，但重點多放在工藝以及在關西活躍的美術家。這裡一整年舉辦各種特別展，以及館內藏品展覽。並附設咖啡廳及賣店，不必購票即可利用。此處還有個值得觀賞的景色。附近的「平安神宮」前方有個朱紅色的大鳥居，兩側各有個美術館，右邊是京都市美術館，左邊便是這間京都國立近代美術館。只要到京都國立近代美術館的四樓大廳，就可與鳥居同高，用特別的角度，近距離觀賞這座大鳥居，魄力十足。

こんごう　のうがくどう

金剛能楽堂

kongo nougakudou

〒 602-0912 京都府京都市上京区
烏丸通一条下る龍前町 590

「能」是日本傳統表演藝術，大約於六百年前奠定基礎。表演者戴上「能面」，身著華麗的「裝束」，跳「舞」，演出故事。一旁有人演唱內容及台詞，稱作「謠」，還有稱為「囃子」樂器伴奏。從前「能」是在室外演出的，一八八一年才建造了首座在室內的能舞台，將舞台及觀眾席納入同一個空間，稱「能樂堂」。雖然搬進了室內，能舞台也保留了許多原本在室外的模樣，例如能舞台四周地上鋪著的一整片白色小石「白洲」等等。「金剛能樂堂」是能樂流派「金剛流」的專屬演出場地，二〇〇三年遷到現址，也就是「京都御苑」旁邊。除了正式演出，也時常舉辦各種體驗課程，傳承傳統文化。

細見美術館

hosomi bijyutsukan

〒606-8342 京都府京都市左京区
岡崎最勝寺町 6-3

這是間小巧精緻又內容豐富的美術館，展覽及建築本身都十分精彩。一九九八年開館，由公益財團法人細見美術財團所營運。主要展品是企業家細見亮市（號・古香庵）與其子孫三代的美術收藏。細見家的收藏品以日本美術為中心，網羅了各個時代及領域的作品，共有上千件，當中有數十件被登錄重要文化財。美術館的建築十分特別。由建築家大江匡所設計，是以京都的「町家」建築為靈感，地下兩層、地上三層，並且有個貫穿整棟建築的中庭。裡面還有餐廳、頂樓庭園、美術相關賣店，以及茶室「古香庵」。茶室提供茶道體驗，也時常搭配各種主題，舉辦正式茶會。

南座

minamiza

〒605-0075 京都府京都市東山区
四条通大和大路西入中之町 198

正式名稱為「京都四条南座」。這棟建築物被登錄國家有形文化財，源自江戶時代，經過數次整修，可說是日本最古的劇場。主要演出歌舞伎，也提供其他的戲劇或音樂表演。「歌舞伎」的起源，據說是來自出雲地方名為「阿國」的女性，在京都的河原町一帶表演特別的舞蹈，吸引了人們目光。而南座便位於阿國當時表演的地區，四百年來上演著歌舞伎。「南座」最負盛名的，是十二月連續一個月演出的歌舞伎「吉例顏見世興行」。劇場門口會掛滿寫了演員姓名的看板，稱作「MANEKI」。這是因為從前演員與劇場是每年續一次約，因此年底的「顏見世」，是讓續約演員們事先露臉的機會。此外，京都花街的舞妓們也固定會造訪「顏見世」看戲，可說是冬日京都的一大盛事。

京都芸術センター

kyoto geijyutsu senta

〒604-8156 京都府京都市中京区
室町通蛸薬師下る山伏山町 546-2

位於京都市中心的「京都藝術中心」，二〇〇〇年開館，前身是一九九三年廢校的「明倫小學校」。二〇〇八年建築物被登錄為有形文化財。這裡活用了學校空間，舉辦各類藝術表演、講座、展覽，也提供藝術家們練習及創作場地。還有以藝術為主題的圖書室、資訊室，可在這裡收集到各地的藝術資訊。這裡提供的藝術內容，不分日本及國外，涵跨傳統及現代。裡面附設咖啡廳，也有能夠自由飲食的談話空間，在古老的學校建築當中飲食、休憩，別有一番風情。值得一提的是每年七至八月舉辦的傳統表演藝術課程「T.T.T.（Traditional Theater Training）」，由專家指導日本傳統藝能——能、狂言、日本舞踊。

從京都大學展開的空想冒險

3

異色的晃遊

京大的奇幻青春行

文／神小風

要前往京大，就從鴨川開始吧。在出町柳下車，賀茂川與高野川在此交會。一出站，從橋上即可看見鴨川三角洲，時序入夏，已經有不少人在鴨川旁嬉戲、散步，這裡正是萬城目學《鴨川荷爾摩》裡「京大青龍會」的練習場所。坐在川畔，看水鳥飛過，遊客踩著「飛び石」一步步前進，是京都限定的風景。

從鴨川往百萬遍知恩寺的方向走，沿途便會看到不少古本書店、麵包店、手作攤販等等，附近的巷弄也很適合散步。這裡每月十五號會舉辦手作市集（手づくり市），堪稱京都最大，從麵包、果醬、碗盤到各種可愛衣物、帽子、文藝小物、手縫布包……太多了。每攤都想逛一下，每樣都想買一點，走走停停，不小心就會奉獻一整個美好上午

02　01

01 好想再去鴨川化身為輕功忍者，跳一次烏龜石頭。（郭苓玉／攝影）
02 一不留神就在手づくり市買到身無分文。（郭苓玉／攝影）

（以及錢包）。附近有阿闍梨餅滿月本舖，阿闍梨餅包裹紅豆內餡，甜度頗高，是人氣伴手禮。

百萬遍知恩寺鄰近京都大學，如遇休息時間，會看到不少學生騎著單車快速進出，相當兇猛。森見登美彥和萬城目學皆是京大出身，筆下的角色也盡是些可愛、活潑，特立獨行又帶點宅味的京大生，以京大為圓心展開各種冒險。吉田校區腹地廣大，相當適合散步、騎單車，也有不少人特地會到這裡的食堂用餐。正門口則排列不少巨型手繪社團看板，充滿強烈風格，邊走邊看，彷彿也溶入了京大生的日常。計時塔前的大樹則是著名地標，也是京大的校徽圖案。

04
03
05

03 京都大學入門處的校樹，許多人會在此歇息。（陳怡絜／攝影）
04 雨後初晴的悶熱六月天，人手一把遮陽傘。（郭苓玉／攝影）
05 什麼都想買的市集逛到發昏，毛巾放頭上散散熱吧。（郭苓玉／攝影）

幸せ地蔵尊
不動明王

吉田神社也在附近，是《鴨川荷爾摩》裡召喚小鬼的地方。巨大的鳥居橫跨在路中央，成爲日常一景。回到京大北門旁，走進老牌咖啡店「進々堂」，收銀檯相當復古，竹籃裡各式麵包並排，飄散咖啡香氣，《春宵苦短，少女前進吧！》裡的男女主角在此約過會。「進々堂」是連鎖咖啡店，京都不少地方都能見到它的蹤跡。

從京大可以接到哲學之道，這是一條約兩公里左右的散步小徑，附近皆是寧靜住家，適合走路，沿線也有銀閣寺、南禪寺等知名景點。順著指示牌，一路走到法然院，這裡是谷崎潤一郎的墓地。賣力爬上緩坡，踏進綠蔭，忽然氣溫陡降，一陣清涼感迎面而來，「気持ちいい——」這麼喊的同時，彷彿收到了文學之神的小小獎勵。

07 06

08

06 吃冰，搧涼，等車。（郭苓玉／攝影）
07 坂道上的人家趁著好天氣曬衣（郭苓玉／攝影）
08 哲學之道旁的幸福地藏尊（郭苓玉／攝影）

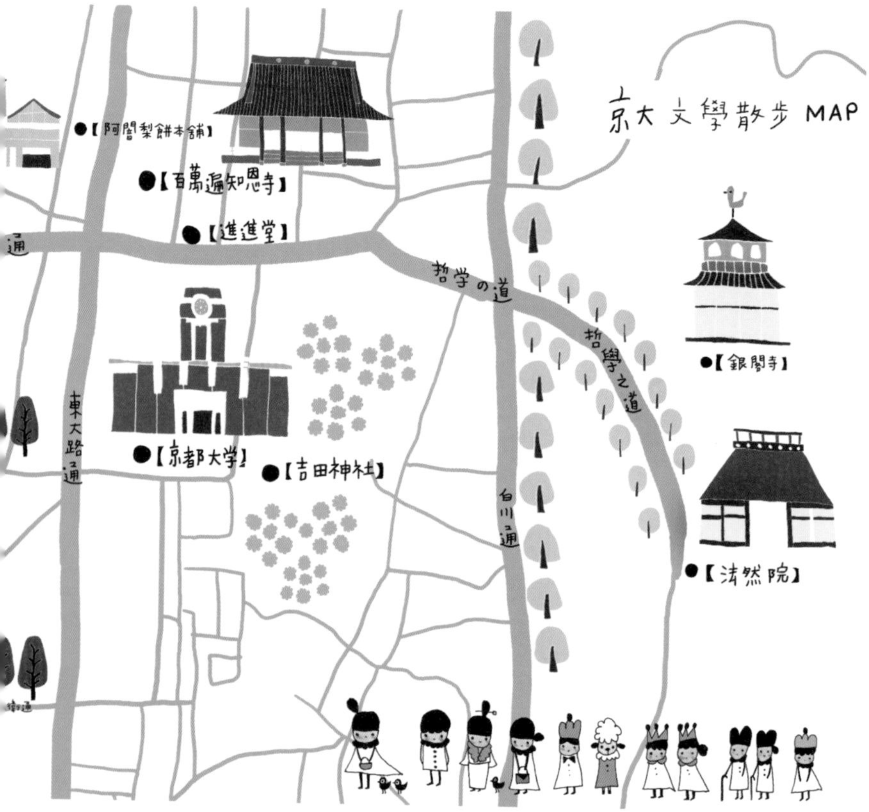

在京都，讀森見登美彥與萬城目學

文／張東君．地圖／Viga

日本雅虎有個專門答客問的專欄叫「智慧袋」，曾經有個提問：「請說出五位京都大學畢業的作家。」雖然答案不盡相同，但最後被選爲最佳答案的五位，依序是井上靖、菊池寬、萬城目學、貴志祐介、森見登美彥。其中兩位早已作古，貴志此時五十七歲，萬城目四十歲、森見三十七歲。對於想要帶著書做一場輕鬆有趣京都漫遊的讀者來說，萬城目學及森見登美彥或許是個不錯的選擇。這兩位作家寫的京都跟京大生，就是把他們平時的生活原原本本的寫成白紙黑字，展現

出京大學生的純眞天然白癡鬧笑話本性。不過基於日本人對京大生的尊敬，就把他們的作品歸爲「奇幻」而非「寫實」。但是話說回來，雖然他們都屬於奇幻類，主角都很年輕，卻仍舊是同中有異。

萬城目學曾說他很喜歡歷史，所以在選擇寫作題材時，會先把想寫的時代與地點相關的歷史看過一遍，看看是否有哪一段是有點模糊的灰色地帶，如只有謠傳或野史，就用自己的天馬行空補起來。所以讀《鴨川荷爾摩》時，會看到位於京都東南西北方的四座大學一起競爭，役使式神（小鬼）打仗。在《鹿男》中看到奈良京都大阪三地的高中在爭奪劍道冠軍，老師還得想辦法找回「三角」好讓日本免於大地震之災。《偉大的咻啦啦砰》以日本第一大湖，世界第三古湖的琵琶湖爲背景；《豐臣公主》則讓讀者愛上大阪，熟悉豐臣秀吉。這些書，都靈巧的把許多傳說交錯融入現代場景中，讓讀者心癢癢，也想要遇到同種機緣。

上面這兩句也可以套用在森見登美彥身上。他的《有頂天家族》提到從前從前，人與天狗、狸貓三族鼎立。只是由於種種原因，狸貓和天狗都沒落，京都就成爲人類的世界。這是他的作品中難得以「非人」爲主角的書。在他的其他作品裡，像《春宵苦短，少女前進吧！》、《太陽之塔》、《宵山萬花筒》，雖然也是以京都爲背景，但是主要的梗概還是在於青春。

一言以蔽之，就是萬城目學寫的是大格局，森見登美彥則偏重小人物。因爲前者的主角若不解決問題，結果會是生靈塗炭；而後者的男主角京大生則總是在追尋他的黑髮少女。但無論如何，他們的作品都能成爲帶你逛京都的最佳嚮導，體驗傳統與現代、古蹟與新奇隨時交雜的京都。

京都錯置遊記

文／森見登美彥・譯／郭凡嘉・繪／Larda

森見登美彥要啓程去京都了。

這件事從一開始，就在某些地方發生了錯置。

登美彥這個人啊，老是寫些以京都爲背景的小說，總以一副現在正住在京都的面孔，欺騙著世人，其實他卻是一個已經在東京住了快要一年半的大騙子。

老是在書桌前編織謊言，這些謊言也會逐漸地成眞。京都塔取代了東京鐵塔，東京的皇居也變成了京都御所，東京築地的本願寺更是對調成爲京都的西本願寺。對於住在東京的登美彥來說，京都就是他的幻想。而正因爲這幻想超越了時空，甚至入侵到了東京，實在是讓人感到十分奇異。甚至被自己的謊言搞得分不清現實，把東京和京都全都混淆在一起了。

在出發的這天早上也是如此，當他從床上醒來時，竟有一種自己身處京都的錯覺。登美彥一面心想：「今天編輯們要來京都啊，哎呀呀。」一面下定決心要去攔截他們。於是在悠閒地喝了咖啡之後，以一種要去搭地下鐵烏丸線，朝著京都車站出發的心情，沒想到搭上的卻是東京的地下鐵千代田線。仔細思考一下，這裡分明就是東京啊。如果要去京都車站和編輯們碰面的話，自己就必須要先去到京都才行。這還眞是件麻煩的差事啊。

所以登美彥沒有準時搭上新幹線。原本打算要去攔截編輯們的，這下反而變成自己在京都車站被攔截的下場了，實在是十分難爲情啊。在這裡，同樣地就這麼產生了錯置。

登美彥搭上了下一班較遲出發的新幹線。正當他用鼻子哼著歌時早先一步搭上東海道新幹線、朝著京都高速移動中的編輯們打電話來了：「哎呀，我還以爲我們搭的鐵定是同一班的新幹線呢。」因此登美彥就回答道：「我會在你們後面追上的。」他欣賞著車窗外的風景，感到昏昏欲睡。

兩個小時之後，新幹線滑行進入了京都車站。就在月台上，幾位編輯們攔截了登美彥。「哎呀，登美彥你這傢伙！這樣算是遲到啊！」

其中一位編輯帶了一只非常氣派的旅行箱，讓人有一種他現在馬上就可以出發去歐洲旅遊的感覺。登美彥開口問他：「那裡面裝了什麼啊？」但是他卻只是摸摸鬍子，一臉茫然地望著虛空。接著，大家帶著登美彥到八条口之後，還有其他的編輯等候在那裡。一位面露沉穩笑容、像是和尚的司機說了聲：「這一趟辛苦您啦！」並且爲他打開休旅車的車門。接下來，登美彥就被塞進休旅車裡了。之後，編輯們就像是加了熱水後不斷膨脹的海帶一樣，不停地坐進來，每個人都像貝殼一樣嘰哩咕嚕地開始說起話來。

「哎呀，車站前好像有點戒備森嚴呢。不知道是有什麼大人物，還是發生了什麼大事呢？」「就是那個啦、因爲森見登美彥這個大人物凱旋歸來，所以要有所戒備啊。」「噗、呵呵呵！」「喔、是嗎？」「對前輩說話不准這麼沒大沒小！」「可是他講的話很無聊嘛……」「這種不清不楚的回答只會讓人受重傷啊……」「好無聊、好無聊、好無聊！」「森見先生，這個小女孩剛才在新幹線上吃了李子之後又吃了香蕉還不夠，之後竟然還吃了銅鑼燒。眞是讓人驚嘆啊！該不會是她小時候母子關係有什麼問題吧……」「爲什麼會變成母子關係的話題啊？」「對啊對啊，而且那是早餐嘛！」「怎麼想都覺得她根本吃太多了啊！而且全都是甜的食物唄！」「請不要說這種假假的關西腔啦。」「啊呀呀、歹勢囉！」

就這麼熱熱鬧鬧地，休旅車抵達了伏見稻荷車站前。這時有一位女性的攝影師正等著大家。這位女性身上洋溢著一股「銀河鐵道之夜」裡那種礦物性的氛圍，而她所使用的則是七十年前所出廠的舊式相機。過去登美彥曾經與她合作過，因此這麼向她打招呼：「好久不見了。」「今天也請多多指教。」

「好了，森見先生，先去吃中飯吧。」

於是一行人便進入了通往伏見稻荷大社路旁的一間烏龍麵店。坐在感覺只要拿去煮一煮，似乎就能熬出高湯的坐墊上，登美彥吃了蛋和烏龍麵。店裡一片寂靜，充滿了悠閒的氣息，空氣中還瀰漫著高湯的香味。進入伏見稻荷大社前的這份「悠閒恬靜」，從登美彥還是小學生時期，就不曾改變過。過去登美彥的祖父母經常會帶著登美彥從大阪到伏見稻荷來。爲了參拜名爲「御劔」的神明，還必須要非常勤奮地爬上山。儘管在伏見稻荷山腳下的空氣不曾改變，但是登美彥已經比那時候增長了二十歲的年紀，祖父母也已經到另一個世界去了。

跨出了烏龍麵店，走了一陣子之後，道路的兩旁有幾間小店在販賣著狐狸的擺飾、神龕以及蠟燭等等的物品。除此之外，還有在登美彥所寫的〈狐的故事〉裡所描述的狐狸面具，以及在其他作品中出現的招財貓和不倒翁、信樂燒的狸貓等。只

要來到此處，似乎就能夠找到那些登美彥曾經放在作品裡的東西。

踏入伏見稻荷這片山域，就能看到無數連綿不絕的紅色鳥居。方才恬靜的空氣突然一下子就變得有點冷洌了起來。就像此刻登美彥穿過這些鳥居一樣，在過去，年幼的登美彥也曾經奔跑於這些不間斷的紅色鳥居之下。或許也曾經偷偷瞄著長滿青苔的小小神社，暗自對狐狸的神像感到恐懼吧。除此之外，在登美彥考大學的那天，登美彥的父親也爲了祈求他能夠考上大學，計畫要從第一間神社開始，把伏見稻荷大社裡的神社全都參拜一輪，他當時也曾經穿過這些無數的紅色鳥居。不過當父親參拜到一半，中途突然覺得不耐煩了起來，就開始省略了一些神社。但就在這個時候，他卻發現自己把帽子忘在某間剛才參拜過的神社裡了，只好慌慌張張地回過頭去找帽子。據說，他正好在開始起了念頭省略參拜的神社中找到了帽子。所以不用多說，父親之後又開始認眞地參拜了起來。也或許是由於這個緣故，登美彥順利地考上大學，變成今天的這個模樣。換句話說，伏見稻荷大社這個地方，其實意外地和登美彥的人生有著很深的淵源。

登美彥一面思考著這些事，一面在伏見稻荷這片這麼廣大的腹地裡散步。攝影師也拍了些照片。編輯們這時候沐浴在從樹葉間灑下來的日光當中，非常融洽而熱烈地聊著天。「那個旅行箱那麼大，裡面到底裝了什麼啊？」「反正他一定是要買一些時髦的小東西帶回去吧！」「是嗎？」「你們要是太吵的話，我就把你們摺一摺塞進行李箱喔。」一面聽著這番奇妙的對話，一行人回到伏見稻荷大社的入山處，儘管也才午後兩點多，照射下來的太陽光卻讓人感覺彷彿已經是傍晚了，讓登美彥不禁打了一個呵欠。

大夥兒坐回車上後，休旅車就開始前往京都的市中心。他們經過了登美彥過去打工時曾經外送過壽司的國立博物館後巷，經過了登美彥過去在那裡一口氣連看兩部電影消磨半天時光的祇園會館，又經過了登美彥曾經騎著腳踏車閒逛的岡崎，再穿過狹窄的小巷子之後，就是哲學之道了。說到哲學之道，登美彥有一位名叫明石的男性友人，他曾經企圖想要在此地演繹一名閱讀可稱之爲「京都觀光資源」的《善的研究》這本書的學生，卻遭受到了挫折。時至今日，也沒有後繼之人在這裡完成他的夢想，再說，現在也不是櫻花的季節，所以似乎沒什麼人氣。一行人緩步而行。登美彥在心中想著今天的晚餐，一位編輯正在和路旁散步中的柴犬玩耍。另一位編輯則是在模仿著某位不太知道是誰的名人。哲學之道還眞是險峻啊。

這一天的京都，日落得特別早。

大家在哲學之道上散完步，走過了鴨川河堤，從荒神橋上眺望北邊的群山，接著經過了荒神的前面。當一群人走到京都御苑東邊某個町的小巷子裡時，天色已經逐漸地暗下來了。雖然這時候是日落比較早的季節，但再怎麼說也太早了。從抵達京都開始算起，也不過是幾個鐘頭的時光而已啊。編輯們彷彿是想要將這抹因爲夕陽異常提早降臨所帶來的不安拂拭而去，紛紛開始絮絮聒聒地討論起購買不動產的優點。大夥兒終於找到登美彥在短篇〈魔〉中所寫到的那片陰森森的長圍牆，拍了照片之後，京都這座城市，就彷彿是一直屏息以待著，直到這一刻終於鬆了一口氣似的，落入了黑夜裡。

「天黑啦，眞是糟糕啊。小巷子裡變得好暗啊。身長的妖怪正在笑呢。」

「看樣子只有喝得到酒的地方才是安全的啊。現在要趕緊去有酒的地方才行。」

「那我們就快走吧！」

這天晚上，他們走進了一間位於出町商店街附近的居酒屋。這間店矗立於細長石子路盡頭一棟古式建築裡的二樓。據說是改建自舊式的旅社，因此裡面有許多類似客房的小包廂，不過其他的小包廂都靜悄悄的。只有他們的那間包廂十分熱鬧，彷彿輕飄飄地飄浮在空中一般。照道理說，登美彥應該吃吃喝喝得十分盡興，但是卻沒有留下任何明確的記憶，只記得那時的心情非常愉快。大家喝了一輪啤酒之後，有人悄悄地換上了「僞電氣白蘭」酒，於是這場酒席的氣氛便更加熱烈了。一回過神來，發現編輯們正圍繞著那只放在包廂邊上的大皮箱在嬉鬧著。

「這個皮箱裡面到底可以裝什麼啊？」「嗯、呵呵呵……」「試著裝看看嘛！」「我曾經有一次喝醉了，直接睡倒在公司前面的樹叢裡呢。」「眞的假的？」「要開會嗎？」「因爲只有我一個人回東京去的話，實在是太寂寞啦。」「我曾經一面影印一面就睡著了。」「森見先生，我們明天早上八點在飯店的大廳集合吧。」「我會去目送你的。」「哎呀，我不去。」「爲什麼？」「因爲我生了早上起不來的病啊。」「要回東京啦。」「回東京就是要回到現實生活的意思了，你懂嗎？」「這麼說的話，京都就不是現實嗎？」「醫生有提出禁令啊。」「無可能啦！」「又在那裡說那種假假的關西腔了！」「我什麼都記不得啦。」

這一夜，究竟什麼是夢境，什麼是現實呢？

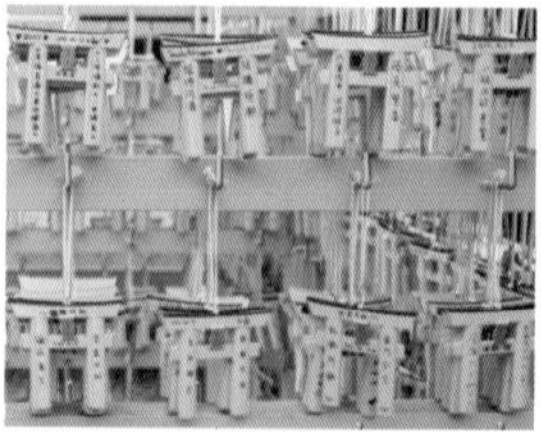

隔天早上，天氣非常晴朗。登美彥和其中一位編輯一同前往叡山電鐵修學院車站，與攝影師會合。那時間正好是幼稚園的小朋友們搭車上學的時段，正當攝影師在拍著登美彥時，一旁的小朋友們也高聲地玩耍著。

叡山電鐵又再往北跑了一段路之後，抵達了八瀨車站。

車站的後面有一片森林的綠色襲來，這片森林沐浴在早晨的陽光之中，顯得閃閃發亮。京都市中心的喧鬧已經遠去，空氣既冷冽又澄澈。登美彥一面品味著早晨清爽的空氣，一面散步到纜車站。從這裡搭上纜車，就能夠登上比叡山，不過登美彥還沒有實際登上山過。順著車站旁的一條細細的山路走上去，就會有一個來福槍射擊場。在學生時代，登美彥曾經偷偷地從射擊比賽中跑出來，循著這條山路下來，躲在纜車站前偷抽菸。

結束了攝影，再次回到修學院的車站，這時睡過頭的編輯們早已等在那裡了。

「哎呀，怎麼少了一個人？」

「她早上起不來的病惡化了，所以我們把她摺一摺收進行李箱啦……早上沒能來跟你打招呼送你們出門，眞是抱歉啊。其實我七點就起床了，但是剃鬍子花了太多時間。大家不是都說，出門在外會不太習慣異地的水質嗎？不知道是硬水還是軟水，總之把我的鬍子弄的像是鐵絲一樣，如果那樣就出現的話，實在是會破壞了森見先生清新美好的早晨啊……」

之後，他們逛完了鷺森神社，又去參觀了位於關西研習中心旅社 (Kansai Seminar House) 鄰近的日本古式建築。

當走過那片長長的土牆前面時，登美彥覺得自己彷彿在過去，也曾經騎自行車經過此地。或許就是憑藉著這些記憶，促使他寫下了〈狐的故事〉吧，不過他也沒有十足的把握。也許登美彥認爲是記憶的東西，其實就是〈狐的故事〉本身也說不定。

這些念頭讓登美彥暫時沉浸在這番令人鬱悶的煩躁感當中。比方說，有一幕他一直認爲是學生時代記憶中的場景，但事實上，那只不過是他寫在小說裡的一幕情節罷了。如果只是登美彥自己，被人譏笑是個呆子那也就罷了。但假設是頭腦聰明的友人明石讀了登美彥的作品，雖然當下覺得：「這麼說來，好像是有這麼一回事。」事後仔細想想，就會發現根本沒有發生過這回事。雖然說他們度過了一段難以區別幻想與現實的學生時代，但還是讓人不禁感嘆。幻想與現實之間的高牆，竟是如此脆弱啊。

參觀了這古式日本建築和後面的茶室之後，登美彥一行人走了出來。這時似乎又少了一位編輯。登美彥喃喃自語：「怎麼又少了一個？」不過其他人都毫不在意地向前走去。「或許是我想太多了吧？」登美彥趕緊追上前去。

最後，他們來到了吉田山。

登美彥的學生時代，可以說就像是吉田山這座「既靠近卻又遙遠、既單純卻又充滿謎樣色彩」的山一樣。對學生而言，幾乎很少有機會能夠登上吉田山。通常都是在「因爲太近了，所以不會刻意去爬山」的狀況之下就畢業了。登美彥非常喜歡位於吉田山東南方的眞如堂，不只把這個地方寫進了〈百物語〉這篇短篇當中，也曾經在大學一年級尚未交到朋友時，獨自來到吉田神社旁邊的宗忠神社，在那裡吃午餐。不過，卻幾乎不曾實際走在吉田山的山路上。吉田山的山中有好幾條小路，也有好幾條通往今出川通以及神樂岡通的斜坡道。登美彥是從大學畢業之後，才開始認眞在意起吉田山的存在，甚至還曾心想過，將來有朝一日，一定要寫一篇有黑魆魆的吉田山聳立於中央的怪談小說。

一行人從神樂岡通爬上了斜坡道，走到了吉田山山頂的咖啡店。一面從窗戶眺望著吉田山的這片綠，一面吃著午餐。當吃到戚風蛋糕時，登美彥的意識已經變得輕飄飄地，被下一個正呼喚著他，想要被寫下來的吉田山怪談給拉走了。在這個還沒有寫出來的小說裡，出現了一位禿頭的中年男子，他住在一棟位於吉田山山腰上的二樓公寓建築裡，他能夠自由地穿梭於吉田山中，十分神出鬼沒。像此刻這樣，從窗戶向外眺望，這些綠油油的樹叢就彷彿會突然從他手中垂下的手帕呼嘯而過一樣。

登美彥就這麼沉浸在自己的幻想之中。

一回神，原本應該坐在桌前的編輯們和攝影師都不見蹤影了。「眞奇怪，不知道他們到哪裡去了？」登美彥一面喃喃自語，一面向外走。

森見登美彥一個人徬徨地走在吉田山中。怎麼走都看不到編輯們，聽不見那些嘰嘰喳喳的說話聲。望眼而去，只有寂靜的山間小道，無止盡地蔓延著。

好不容易，登美彥走到了竹中稻荷的後方。穿過了樹叢，有一些小而謎樣的神社散佈在寬敞的空地上。微風吹拂著樹梢，讓森林搖晃了起來，從樹葉間灑下來的日光也搖曳著，讓人彷彿身處於淺海的海底一般。竹中稻荷的對面屬於吉田山的東邊那一側，在神樂岡和淨土寺等建築行列的另一側，可以看見以大文字山爲首的京都東方的群山。

在光線之中，女攝影師佇立著，並拿著照相機對著登美彥。而她身旁巨大岩石的向陽處，正放置著那只大得驚人的行李箱。

「其他人呢？」

「大家都回去了。」

「沒把那個大行李箱給一起帶走嗎？」

看著歪著頭的登美彥，她輕聲地笑了起來，並且喀擦一聲按下快門。

登美彥試著提起那只大行李箱，無法判斷裡面究竟裝了什麼，不過總之沉甸甸的，十分有份量。那份重量，不知道到底是來自編輯從東京帶來的東西，還是從京都獲得的新東西。登美彥小心翼翼地打開行李箱，灰色的道路就從行李箱中延伸了出去，在前方還掛著東京都千代田線二重橋前車站的站牌。「沒想到在這裡竟然會有捷徑啊！」登美彥如是說：「原來是這麼一回事啊！」

「森見先生，我們下次再在京都相見吧！」女性攝影師這麼說。「辛苦啦！」

如此這番，登美彥回到了東京，並且像現在這樣，書寫著這篇遊記。

對於身處京都的登美彥而言，東京就是他的幻想。正因爲是幻想，所以能夠超越時空，甚至入侵到了京都來，實在讓人感到十分奇異。這正是錯置啊。儘管如此，回到了幻想裡的東京的登美彥，在幻想的東京裡，幻想著京都，這又是怎麼一回事呢？■

（本文節錄自森見登美彥《森見登美彥の京都ぐるぐる案內》，二〇一一年新潮社，二〇一四年新潮文庫出版。）

All Rights Reserved, Copyright © 2017 Tomihiko Morimi.

《森見登美彥の京都ぐるぐる案內》
出版社：新潮社　発売日：2014/6/27

森見登美彥

一九七九年生，京都大學畢業。二〇〇三年以《太陽之塔》出道，一鳴驚人，被視為日本當代小說界的異才。並與另一熱門小說家萬城目學並稱「京大雙璧」。目前已有《春宵苦短，少女前進吧！》、《有頂天家族》、《宵山萬花筒》等書在台翻譯出版。

郭凡嘉（譯者）

台灣台北人。台灣大學畢業。現為東京大學語言學研究所博士候選人，關注於在日外國兒童之教育議題。譯有溫又柔《來福之家》、陳舜臣《青雲之軸》、中村地平的殖民地小說《霧之蕃社》、森見登美彥《空轉小說家》、角田光代《肉記》等，並撰有日本小說家評論數篇。

在京都移動的一百種方式之一：計程車。

TAXI

京都的推理劇場

文·攝影／張東君

通常，人只要住在某處，就會很喜歡找以那裡爲主題的故事、由那裡出身的作家寫的書、以該處爲背景拍攝的影視來看。至少，對我來說是如此。而對重度推理迷的我來說，推理和京都這兩個關鍵字，我第一個愛上的，就是山村美紗。尤其是她過世的時候我還在日本，很有時效性的跟著媒體的報導在追她的人生時，更是覺得關在知名飯店趕稿，心臟病發作趴在未完成的稿子上面的這種告別方式眞是讓人羨慕啊。

山村美紗在世的時候，被譽爲推理界的女王、詭計之后、日本的阿嘉莎克莉絲蒂。她的作品原本就非常多，被改編成影視的比例更是極高，只要看到節目預告看到接下來要播的推理劇場是以京都或小京都爲名，十之八九都是改編自山村美紗。這樣的她，其實在二戰結束前是生長於現在的首爾呢。因爲她的父親在唸完京都大學法學研究科之後，被派去日治時代的朝鮮總督府京城法學專門學校擔任校長。雖然她在韓國的時間最多也不過幾年，但我相信小時候的異國生活，對她的作品還是產生一些影響。

山村美紗不只父親是京大校友，連她那研究俄羅斯政治與日俄關係的弟弟都是她父親的學弟。她女兒山村紅葉在學生時代起就在山村美紗小說改編的影視作品中尬上一角，並以擅長的京都方言讓觀眾更能融入京都的場景之中。

山村美紗本身是唸京都府立大學文學部國文科，畢業後在京都的中學擔任國語教師，並在教書的時候開始嘗試寫推理小說。那其實跟另一位小說也可以當成旅遊書的推理作家西村京太郎有點關係。很久以前，我在日本看過一段介紹她跟西村京太郎是怎麼變成好朋友的節目。原來山村美紗曾經寫過粉絲信給當時書還沒有很賣的西村京太郎。第一次收到粉絲來信的西村誤以為山村美紗還是大學生，興沖沖的到京都去找山村美紗，才發現想像跟事實間的差距。而且要到滿久以後，他才更震撼的發現山村不但已經早就結婚，還有小孩！於是他的「單戀（？）」轉變成為家族式的交往，兩個人一起買了相鄰的房子可以互通有無，甚至還約定說假如哪一方先走，剩下的一方要幫忙把沒寫完的作品完成。西村京太郎有做到他答應山村美紗的事，幫忙完成了《在原業平殺人事件》及《龍野武者行列殺人事件》；此外，西村京太郎也以他和山村美紗的故事為本，寫成了《女流作家》和《華之棺》兩本書。

山村的作品有兩大特徵。首先，她很喜歡看市面上有哪些新發明、新事物，然後想辦法應用在最新的小說裡面。例如傳真機。當傳真機問世，才剛上市沒多久的時候，山村美紗就買了一台，因為那在不想接電話的時候讓編輯聯絡，或是在截稿期時節省郵寄時間傳眞稿子給編輯是很有用的。不過，山村美紗當然就把它用在詭計上。她利用傳眞機的送紙特性，讓書中犯人算好送紙長度，在紙張末端放置點火的蠟燭，然後算準時間發送傳眞，讓紙在碰到燭火時燃燒，引發「意外」並獲得自己的不在場證明。就是因爲這樣，聽說她家裡有許多奇奇怪怪的東西，都是爲了研究作案手法用的。

其次，她的每一本都很像是京都導覽書。每篇小說裡出現的地點景點，通常都會有文化習俗上的解說，讓日本的「外地人」、「外國人」在應該緊張的情節之中，被挑起「我下次也要去那裡走走看看，吃吃那家店的有名點心／料理」的情緒。而她之所以這樣寫，當然是因爲很愛京都，希望大家多多認識京都、造訪京都。我看過她一本書的前言，說她出道前幾年遇到的最大困難，在於她寫的是推理小說，所以很多觀光景點、寺院名勝等等，都不願意被她寫到。「居然在我們寺裡有殺人事件，請你高抬貴手啊！」（原文好聽多了『うちのお寺で殺人やなんて、かんにんしとくれやす』）事實上，當年我在京都哲學之道上的法然院研究青蛙的時候，在寺裡修行的大和尚發現我喜歡推理小說，還很熱心的跟我說：「法然院也有被山村美紗寫在小說裡喔！」我很開心的去找到那本《京都再婚旅行殺人事件》來看，發現那是屬於「狩矢警部」系列，而狩矢警部在書中對原本是嫌犯的女性介紹法然院裡的阿彌陀如來座像、法人上人自己做的木像、以及葬有谷崎潤一郎及河上肇等文學家的墓地等等。

自己看青蛙的寺院成爲推理小說的場景！這不是太酷了嗎？這就成爲我看遍山村美紗小說與推理劇的動機，先是看我去過的京都是否有在書中登場過，然後再把沒去過的地方列下來，跟著書中人物走上一遭，實實在在的把山村美紗的小說當成了旅遊書。

理所當然的，不同系列的主角會有不同的背景與偏好，個性與造訪的場所便有很大的差異。以系列來說，主角有凱薩琳（美國前副總統之女，暫居京都，有個在大學教政治學的日本男友）、小菊（祇園最受歡迎的舞妓，常客爲知名日本畫家）、石原明子（葬儀社）、江夏冬子（京都府警搜查一課的女法醫）、片山由美（專門調查外遇的偵探）、戶田曜子（護士）、池加代子（推理作家）、今井陽子（稅關檢察官）、矢村麻沙子（推理作家兼新聞主播）、小川麻子（邊當女公關的大學生）、澤木麻沙子（推理小說家）、片岡秀三郎（歌舞伎的女形＝乾旦）、秋野夕雨子（推理作家兼新聞主播）、狩矢警部（隸屬京都府警搜查一課）等等。若是再加上不是系列的其他作品主角、各個作品中的犯人、被害人、證人出現過的場景，眞的是族繁不及備載。當然，日本的演員也都以演出系列主角爲榮，何況只要演活了那個解謎的主角，接下來可是至少每一年或每一季，都會有戲可以接呢。因爲即使是在山村美紗已經過世超過二十年的現在，推理劇場還是會有她的改編作品的。江山代有才人出，系列主角的演員也是不停地在更換。不變的，只有讀者對山村美紗的喜愛與懷念。

寫京都寫到獲頒京都府文化賞功勞賞、京都府曙獎，不愧是京都的山村美紗啊。

寺町通裡的西班牙窗戶——吹向詩人中原中也的風

文・攝影／劉怡臻

寺町通巷弄裡中原中也以前住過的屋子，上頭仍然保留著當時中原中也口中的「西班牙風格窗戶」。

京都的市內小桃源

京都市內最繁華熱鬧的四條河原，總是集結著許多來自日本、世界各地的觀光客，在公車站牌旁看見各國語言的京都地圖，聽見旅人勇敢地嘗試用日文與司機或路人溝通的異國語言。如果沿著河原町往上走，穿越過人聲鼎沸的三條商店街，左右兩邊夾雜著些許的古書店、現代風的服飾店、文具店，也能望見鑲嵌彩色玻璃、純白屋頂及拱門的河原町天主教堂。第一個大馬路的交叉口來到御池通，後面正是歷史名勝之地本能寺遺跡，前方則是一九二七年竣工完成的京都市役所，也是日本國內最古老的市政廳建築。穿越過馬路，左轉繞到市役所旁的小路上，立刻揮別了喧囂吵雜。這條路便是寺町。

這條寺町通可上至今出川，下可延伸到三條、四條。但從京都市役所起的這一段到今出川，擁有世外桃源般的閑靜。這條街原來是四百多年前，豐臣秀吉爲了管理方便，將京都市中的寺院集中到這條街上，周遭商機也因此集中活絡。除了京都在地以及觀光客間都很受歡迎的麵包店進進堂，還有一八六八年創立開業的京都第一家洋果子店村上開新堂；也有一保堂茶鋪本舖、熊谷道具鋪，還有柿本紙鋪等百年老店。沿著寺町朝著北方走，經過行願寺、下御靈神社，過了丸太町，不能錯過的源氏物語誕生之地廬山寺，對面即是梨木神社，寺院裡的染井是京都三大名水，至今仍湧泉不息。旁邊緊鄰的就是天皇居住的御所。

單單這條街，幾乎就能飽覽百年老鋪、古剎、文墨書香等各種吃喝玩樂上的京之風味。而且這一帶是梶井基次郎小說《檸檬》舞台之一，同時也悄悄地成爲孕育日本近代詩的小搖籃，這裡曾經住著詩人中原中也（1907-1937）。

歌人福島泰樹曾經歌詠過這樣的短歌：「中也死後的京都寺町今出川／風還吹著西班牙式的窗戶」。寺町通快接近今出川通的路上，左轉到中筋通巷弄裡的一間兩層小屋，是中原中也在京都搬了八次家，最後坐落的居住地，而現在也還住著人家。「西班牙式的窗戶」一詞則來自於中原寫給友人的信裡的一句話，二樓他讀書的房間裡，只有這片窗戶，而這片窗戶至今也還保存著。雖然稱不上正西班牙風格，只是片小小的普通窗戶。如果站在中筋通上抬頭望著窗戶，忍不住會想著中原在京都度過了什麼樣的青春時代呢？

梨木神社也是《源氏物語》裡曾經出現過的地景之一，境內的染井是京都三大名水唯一現存的。境內種植數百株的萩花，九月盛開之季，美不勝收。

詩人落榜後的重新出發

大正十二年（一九二三年），對於中原中也或近代日本，皆是一個轉換點。出身於山口縣湯田醫生家的他因爲成績不好沒有考上山口中學，轉學到京都就讀立命館中學，離開家人一個人獨自生活。京都對於正處於思春期的中原來說，卻是幼鳥重新整頓出發的暖巢之地。剛好正逢同年九月一日的關東大地震，江戶被破壞，摩登都市的東京歷史在破碎中展開之際，許多文人藝士們爲了避難移往關西。這裡頭包含了改變中原一生的兩個人，即立志成爲女明星的長谷川泰子，和立志成爲畫家的詩人富永太郎。

中原移住京都以後，扭轉命運的第一件事情是他偶然在丸太町橋邊的古書店遇見高橋新吉的詩集《達達主義者新吉的詩》，這本詩集引領著正摸索反抗姿態的中原注意到詩的存在。第二件事是邂逅了大他三歲的新劇劇團女優長谷川泰子，當時中原正處於壓抑與孤獨之苦，長谷川泰子成了他生命中第一個異性也是愛戀之人。兩人的相遇歸因於放浪詩人永井叔某次於街頭彈大提琴時碰上中原，並帶他一起到劇團「表現座」看演員們練習，才有這場後來中原口中的宿命之遇。

一個人坐在劇場練習區板凳上的中原跟泰子說起話。他指著筆記本上的作品跟泰子說：「這是達達的詩喔！」泰子望著上頭字奇妙的排列嚷嚷著：「很有趣耶！」瞬間拉近了兩個人的距離。青春正盛，他們與京都一起相依，兩個人後來搬到了御所旁邊，上京區今出川中筋通上。這段期間，中原喜歡自稱爲達達主義者，寫了很多達達風格的詩，編成了一本筆記〈ノート 1924〉。中原初期的作品群，不只呈現破壞性的詩語和恣意放縱的聯想，也不斷地練習創造詩語的節奏。詩〈自滅〉和〈古代土器的印象〉皆是這段期間的作品。尤其後者是在達達主義詩的實踐之中，中原開始探討所謂「認識以前」世界的詩的方法。

父母的信吹起了泡泡
戀愛搖晃看著天空的肩膀
我吞下灰色的拐杖
腳腳
　腳腳
　　腳腳
　　　腳
鋼筆的徒步旅行

電線桿啊鞠躬吧
肚子的皮發出喀擦的聲音
從胯下看右手
——節錄自詩〈自滅〉中原中也

認識以前所寫的詩——
在沙漠的正中央
我向土人問道：
「耶穌誕生的前一天為止
有幾個唱著青銅的歌的旅人經過？」
土人沈默著
只是望著遠遠沙丘上的足跡

哭也此時，笑也此時
就是此刻噢
哭和笑都是
——〈古代土器的印象〉

與詩人富永太郎的邂逅

然而中原的京都時光裡，與詩人富永太郎的相遇扭轉了他後來整個的文學生命。他曾經在文章〈詩的履歷書〉裡寫道：「大正十三年夏天富永來到京都，透過他，我知道法國詩人們的存在。」其實中原會搬到今出川寺町這帶，也是爲了能夠更接近富永的住宿地（下鴨神社一帶）。兩個人幾乎整天膩在寺町住所裡一起談論著文學。

經由富永，中原認識波特萊爾、蘭波等詩人，這段期間富永一邊翻譯波特萊爾，一邊也嘗試著自己用法文寫詩，中原開始接觸法國象徵派詩後，也在自己的詩筆記裡抄下上田敏所翻譯的蘭波詩作。不但促成後來中原翻譯了許多蘭波以及魏崙波．馬拉美、特里斯坦科比爾、熱拉爾．德．內瓦爾等人的詩作，刊載在《椎之木》、《半仙戲》、《四季》等文學雜誌上；富永和中原的共同好友大岡昇平認爲這也成爲中原中也從受高橋新吉影響的達達主義詩風，過渡到象徵主義的一個契機。

從中原中也以前的住處，沿著中筋通穿越過寺町，就能抵達京都御所。相當於整個京都市中心部，境內有五萬多棵樹木，被翠綠所包圍的御所，常是住民和旅人閒暇散步、極具親密感的好所在。

又近又遠的友誼

兩人有時在京都咖啡館裡，有時喝酒、逛美術展覽，在京都度過了一段愜意的生活。愜意中卻默默帶有股壓力和緊張，因爲富永太郎和中原中也是個性上極爲不同的兩個人。一個與人保持距離，一個渴望與人融合爲一。

富永在京都這段期間第一次咳血，不久他寫下了〈秋之悲嘆〉。「我在透明的秋之薄暮中墜落。恐懼離去。所有道路的直線一塊甦醒。連那些鬱鬱貪婪的樹群也招引不了黑暗」。

即使兩人終究漸行漸遠，中原不認同富永的爲人和其詩作，卻也免不了受到其吸引。他在頗爲人知的作品〈馬戲團〉（註1）中，大岡昇平也認爲這裡頭受到富永作品〈秋之悲歎〉裡「下降」意象的影響。中原與富永間矛盾的情感，甚至是後來富永早逝後中原寫下的悼念文，可以窺探出兩人之間友誼的糾葛與摩擦，但其實也反映出中原自身的文學反省，甚至更加釐清出他所追求的文學觀和生命觀。

中原曾經在日記中寫下：「生活之中，也就是各式各樣的對人關係裡，不生氣的人是笨蛋。生氣才是那個人有靈魂的一種表現。但是，這絕對無法用大腦計算的。這是本能性地有靈魂的話自然而然地會發生的。」在人際關係上如此有菱有角，而且不太受人歡迎的中原，卻始終對京都念念不忘。

說不了再見的青春

我在這個世界的盡頭，陽光溫暖地灑落，風也輕晃著花朵。

木橋的，塵埃終日沉默，凜凜站立的郵筒，別著風車的娃娃車，總是停在街頭。

住的人們還有小孩，都不在。我一個人，沒有熟悉的親人。有時看著風向器上方的天空顏色，是我的工作。

雖說如此，一點都不會無趣。空氣中有蜜，不是物體的那種蜜，總是非常適合品嚐。

1950 年三月開幕的三月書房，面積僅有十坪左右。但在日本短歌歌人心目中，這家店是全國歌集最齊全的書店。「穿過二條寺町 / 三月書房 / 四月誤解 / 一顆檸檬結戀了六月」還曾出現在一首這樣可愛的短歌在報紙歌壇上。

香菸之類的，我也試著抽過。但也只是愛好那樣的氣味。這樣做雖然不太像我，我只在戶外抽。（略）

無以名狀的某種東西，常常催促著我，漫無目的的我，因此希望高漲胸口。

樹林裡，世界上都有著不可思議的公園，近乎不可解地微笑著的，女人、孩子、男人們，散步著，說著我聽不懂的語言，扮著我不明白的表情。

然而，那個天空裡，蜘蛛的巢閃閃發著光，銀色的。

——詩〈一去不復返——京都——〉（註2）

此詩後來收在詩集《在世之歌》（註3）的〈永訣之秋〉篇章之中，而且位於卷首，具有代表性的意義。懷抱著文學之志，離開京都到東京去的中原，內心還是徘徊著當年那個孤獨少年。他在此詩篇完成前兩個月，寫給朋友的明信片上說：「看著陽光煦煦地照射，就令人想要住在關西。」這大概也是為何到了東京以後，除了跟長谷川泰子一起回京都以外，中原自己也數次回到京都徘徊遊玩。

這首詩意外地也是中原兩本詩集中唯一的散文詩（註4），並不如同一般想像的京都特色的詩，而是夾參許多和京都交融的心象風景於內，可說是詩人京都時代的自畫像。這裡謂中原而言，不只是一個孤獨不安之漂泊地，也是他作爲詩人出發的暖巢。十六歲落榜後隻身到京都來的中原，一路到十三年後寫下這首詩時，不只是天空裡蜘蛛的巢，京都時代的夢與青春，仍然閃閃發著光。

劉怡臻

生於台灣台中，台灣大學日文所碩士。歷經京都交換學生、日商工程事務所工作，現就讀明治大學博士班課程中。撰寫論文以日治時期台灣文學與日本近代文學的交涉為主題，研究作家有石川啄木、王白淵、吳瀛濤等。二〇一七年春天起於《幼獅文藝》撰寫亞洲消息日本篇。

註1
本作品於一九二六年發表，在台灣有葉笛、楊奕彥和徐和鄰等翻譯版本。

註2
本作品刊於一九三六年十一月同人詩誌《四季》上，台灣有林水福版本的翻譯揭載於自由時報。

註3
詩集日文名字為《在りし日の歌》，一九三八年四月由創元社出版發行。詩集雖在中原中也死後才出版，但那之前詩人已經計畫整理出版詩集，在離開東京歸鄉之前將稿子託付給友人小林秀雄。而且詩集初刷五百本，但超出當初預想引起反響，同年六月即二刷，再印三百本。

註4
詩人野村喜和夫表示自己也參考中原中也這首詩集中難得出現的斷章詩〈一去不復返—京都—〉和參考蘭波的作品〈這個世界的鏡頭〉，寫下詩作〈這個世界的盡頭或希望〉。〈蘭波受容史—從中原中也到我的詩作—〉《近代日本とフランス象徴主義》，二〇一六年二月水聲社出版。

跟著山村美紗遊京都

文／張東君

跟著山村美紗遊京都，是件很容易辦到的事情。因爲基本上，在她的小說中，已經把非去不可的名勝古蹟大都走過一遭，值得造訪的各種店也都介紹過一輪。而由於這是京都，不論山村的小說已經出版了多久，在作品中出現過的場景大多數也都還在，非常的歷久彌新。

京都，是個連我這種超級大路癡也知道東南西北的地方。京都是個盆地，在每年八月十六日晚上的五山送火儀式中，從晚上八點起到八點一刻或八點半爲止，在東山連峰上會燃起「大」、「左大文字」、「鳥居」、「船型」、「妙法」等字照亮西方的天空，讓在

盂蘭盆時來到人世間的靈魂找到路回去。而在其他日子哩，只要看到山上有個大大的「大」字，那就是東邊。再看看貫穿京都市的鴨川，上游是北邊、下游是南邊。只要你知道水是從上游往下游流，就知道東南西北的方位了。假如還想要記得各條馬路的話，京都有首大人小孩皆朗朗上口的〈手毬歌〉，把京都東西向的路名從北邊的丸太町通一路唱到九条通，在不知道該往哪邊走的時候只要唱一下，立時分曉。這連《名偵探柯南》電影的〈迷宮的十字路〉都用上了，想知道怎麼唱，請複習電影。

京都全年都適合遊客造訪，但

是假如想要看一些特殊的祭典或是展覽，就一定要事先做功課，確認那是在哪一天，或哪幾天。像我做研究看青蛙的法然院，一年只有四月一日到七日、十一月一日到七日的兩個星期有公開展示寺中珍寶的屏風畫等。京都大學旁的吉田神社，是想考上京都大學的學子們在入學考試之前都會去拜拜的地方。而她也是在二月二日到四日的節分祭看鬼，邊吃豆子邊用豆子丟鬼最有名的神社。去吉田神社之前，想買伴手禮，可以去日本僅剩的手工金平糖店「清水緣壽庵」，嚐嚐做一顆得花兩星期的季節限定水果金平糖；想吃麵包簡餐喝咖啡，就去

有「百萬遍」暱稱的知恩寺旁的進進堂。這樣一來，不只山村美紗而已，就連森見登美彥及萬城目學的小說場景也能夠一併解決。

大文字山下的哲學之道，從銀閣寺走到南禪寺的那一點九公里，應該是京都遊客的必去之地。不過假如有空的話，從哲學之道往山的方向走個一兩分鐘，還有法然院、安樂寺、靈鑑寺、若王子神社等可以去走一走。永觀堂則是我的最愛之一，我喜歡她那順著寺裡的階梯走著走著，就已經爬到高處可以看紅葉的建築，更愛寺裡的「七大不思議」，讓人在逛寺院懷古之餘，還享受到解謎之樂。

在南禪寺附近吃湯豆腐可能有

點傷本，但是既然都已經身處京都，去山村美紗在《京都美食旅行殺人事件》中寫到的京懷石店「瓢亭」試試「朝粥」，看庭院享受悠哉的時光絕對是別處所難以體驗的。離開哲學之道再往下走，就會抵達平安神宮。可是，去平安神宮賞花之外的另一個選項，是到旁邊的京都動物園去看她們翻新展場後過得快樂很多的大象、金剛猩猩、草食獸，以及會用觸控式電腦做功課的黑猩猩等，也會是很獨特的經驗。而以上這些，通通屬於京都的「洛東」地區。在小說改拍的電影《藝妓回憶錄》裡出現的祇園位於洛中，山村美紗有個系列主角

小菊是位藝妓，在這附近逛逛感受小菊的日常生活，白天去「鍵善良房」吃葛切、傍晚到「花見小路」賭運氣看能不能看藝子藝妓，或是下重本去「三嶋亭」吃眞正的壽喜燒。假如要物美價廉而且不通日文也可以的話，京都車站前的地下街就是很好的選擇。前述《京都美食旅行殺人事件》中另外提到的京料理「萬重」，我在今年四月才剛去過，很不錯喔。

無論如何，京都是個百人有百樣走法，不論口袋深淺都可以玩得很開心的地方。找到自己喜歡的書，根據書中提到的地點去走一趟，絕對是個很好的玩法。

張東君

科普作譯者、推理評論家。臺大動物系學士碩士、日本京都大學理學研究科博士班結業。曾擔任公共電視節目《奇妙的動物》主持人。現任臺北動物保育教育基金會祕書組組長，餘暇從事科普寫作及口譯、筆譯等。著有《動物勉強學堂》、《是誰把驢子變斑馬》、《象什麼……》、《爸爸是海洋魚類生態學家》等，目前著譯作超過一百五十七本，目標為著譯等身，並開始朝譯作等身、著作拼年齡前進。為第五屆吳大猷科學普及著作獎少年組特別獎翻譯類、第四十屆金鼎獎兒童及少年圖書獎得主。

p.160
|
p.166

千本鳥居走累了，在此歇一下吧。（陳怡絜／攝影）
別忘了與狐狸打聲招呼（陳怡絜／攝影）

—

在手づくり市尋覓心愛小物。（陳怡絜／攝影）
吉田神社（陳怡絜／攝影）

—

雖非花季，漫步在寧靜的哲學之道也別有一番風味。（陳怡絜／攝影）
伏見稻荷大社，在鳥居旁發現的貓咪。（陳怡絜／攝影）

—

美味的萬重料理（張東君／攝影）

日本近代詩搖盪的異色——京都

文／劉怡臻

提起京都，首先浮現於腦海的大多是古典或傳統的印象居多。在日本近代詩史敘述中，也多半圍繞著帝都為中心書寫詩人們或文藝思潮的更迭。但以京都為視角，卻能捕捉到近代詩史中幾個重要特徵，還能意外地連結到台灣文學於日本殖民五十年下，所共同經歷的近代詩壇空間。

上田敏的京都任職地（現在的京都大學），也是矢野峰人的母校。（王文萱／攝影）

上田敏と九日会（うえだびん ここのかかい）Ueda bin kokonokakai

詩人上田敏（1874-1916）完成的譯詩集《海潮音》引起近代詩壇一陣風潮，也幾乎是台灣日治時期文學者的共通讀物，戰後也還能從銀鈴會刊物上看到受其影響的蹤跡。

彙整成譯詩集前，上田敏已經先在雜誌《明星》上發表，而雜誌《明星》的創辦人正是出身於京都岡崎的詩人與謝野鐵幹。明治四十一年京都帝國大學文科大學（現在的京都大學文學部）就任後，京都詩人高安月郊、象徵詩詩人薄田泣菫，撰寫名作《苦悶的象徵》的厨川白村等成員共同組織了「九日會」，大家常聚集在上田敏於岡崎一帶的家，召開文藝座談，為古都的文學帶入一股新風。其中一位弟子矢野峰人，京都帝國大學英文科畢業後，昭和三年到台北帝國大學任教，和西川滿、帝大教授群等組織「台灣文藝家協會」，創立了日治時期發行最久的綜合文藝雜誌《文藝台灣》。

另外，「文庫」派詩人伊良子清白（1877-1946）就讀於當時的京

伊良子清白就讀的京都府立醫學校緊鄰的鴨川荒神口路段，川路柳虹就讀的京都美術工藝學校舊址也座落附近。（劉怡臻／攝影）

京都府立醫學校，座落於今日的河原町與荒神口一帶。伊良子在京都時期即開始投稿詩作，後集結為詩集《孔雀船》，浪漫主義的象徵詩風受人注目，是近代文語詩集的代表作。伊良子在一九一〇年至一九一八年之間，以醫師身分到台灣台中生活。歸國後寫下以台灣為主題的詩作〈聖廟春歌〉等，受到比較文學者島田謹二的注目，還寫入著作《華麗島文學志》中。

口語自由詩と民衆詩（こうごじゆうし　みんしゅうし）

kougojiyushi minnshushi

在日本近代詩史上，從文語定型詩跨越到口語自由詩的第一座里程碑是詩人川路柳虹（1888-1859）所發表的〈垃圾堆〉，該詩正是他就讀京都美術工藝學校時發表於河井醉茗創立的詩誌《詩人》的作品。這首詩打破向來避開日常生活中醜惡事物的詩材傾向。雖不能稱上完全的口語詩，但已能見到詩人追求言文一致的努力。提到京都與口語詩歌的系譜，也無法忽略撰寫《池塘集》的歌人青山霞村等存在。口語自由詩歌的興盛跟大正時期的民主運動、勞工運動、民眾參與文學的共振下，京都這塊風土呈現出自由與反骨的特色。京都出身的詩人兒玉花外，一邊在報社工作一邊寫了許多社會主義詩，詩集一發刊卻立刻被查禁。還有與台灣文學者王白淵、吳坤煌一起參加了一九三四年創刊的普羅文學雜誌《詩精神》，寫普羅短歌作品歌人淺野純一、赤石茂等也是京都出身。

同志社大學今出川校園裡的鄭芝溶詩碑，上面刻有〈鴨川〉一詩。（張家禎／攝影）

植民地詩人の声（しょくみんちしじん）
Shokuminchi shijin

不只是自由與反骨之聲，京都這塊地上還響著殖民地詩人之聲。同志社大學裡先後有韓國詩人鄭芝溶（1902-1950?）和尹東柱（1917-1945）在此留學，日本教科書也收錄過尹東柱的詩作，同志社校園裡刻的詩碑是他詩集《天空、風、星星和詩》序詩。尹東柱曾在〈輕易寫成的詩〉裡詠道「人活著明明是件困難的事，但卻能輕易地寫成詩，真是件可恥的事情啊」，無疑也是殖民地文學者的掙扎與吶喊。

而鄭芝溶二十一歲後到同志社大學留學，詩作〈咖啡．法國〉受到詩人北原白秋注目後，活躍於雜誌《近代風景》。現在廣為人知的詩作〈鄉愁〉、〈鴨川〉、〈悲傷印象畫〉、〈玻璃窗〉等都是這個時期的創作。〈鴨川〉一首隱微表達出殖民地留學生的愁憂。

十里的野原裡
日漸黃昏…日漸黃昏…
中午，每個中午　都送你離開
喉嚨乾渴　湍流裡的水聲
緊握著冰冷的砂粒　冰冷的人心
握緊、捏碎它吧！鬱鬱不安
草生茂密的　巢
形影無依的秧雞　獨自鳴叫
成雙的燕　飛上天
在空中轉著　祈雨的舞
西瓜的味道　飄散著　傍晚川邊的風

鴨川夜色（張家禎／攝影）

啃著橘子皮　年輕旅人的憂愁
鴨川　十里之原裡
日漸黃昏⋯日漸黃昏⋯
——〈鴨川〉鄭芝溶

忘れがたい京風情（きょうふぜい）
Kyofuzei

像彩虹一般地暈染成五色的北山
河原的水之盛流 那麼盛暢的水啊！
靛藍而且冰冷吧？好美啊！先斗町的燈明
正閃閃爍爍地映照著
為什麼沒有聽到任何一絲三味線彈奏呢？
明明到處都看得到藝妓小姐啊
（略）好風徐徐　今夜
既美麗又冰冷的夜晚啊
我正站在四條大橋上
像花一樣耀眼寫著仁丹的霓虹燈
如塗漆一般的夜空
——節錄自〈京都人的夜色〉村山槐多

同樣一條鴨川，在日本詩人村山槐多（1896-1919）眼中，流洩著不同風情。村山四歲搬到京都，離開京都到東京後幾乎沒再做詩。十八歲時寫下的這首〈京都人的夜色〉是日本近代詩中難得京都方言入詩的作品。詩人眼中如畫的四條大橋，今日依舊不分晝夜地美麗。

電車、甜食、惠文社
有時還有宮本武藏

4

文青的日常

文青最理想的書店散步路線

文／神小風

從一乘寺車站出發，站外即有可愛的惠文社指示牌，沿著曼殊院道，步行便可抵達朝思暮想的惠文社。店內分爲書店、藝廊和生活館，搭配舒緩燈光，隨意翻閱書本、雜誌，不花上兩三個小時絕對逛不完，是許多文藝愛好者每到京都必訪之地。惠文社附近的燕子（つばめ）咖啡也頗負盛名，二〇一六年六月左右搬遷到新址，離車站更近了。一乘寺也是拉麵激戰區，「天天有」、「麵屋極鶏」以及中華拉麵「高安」都是這裡的排隊名店，高安的拉麵套餐，除了炸雞外還會加上一大碗飯，將湯頭澆在白飯上，是日本人的吃法。

02　01

01 進到荻書房體驗被書包圍的感受，傳單貼滿的天花板也有一番趣味。（郭苓玉／攝影）
02 活字印刷小店りてん堂的店主正熟練操作機器。（陳怡絜／攝影）

曼殊院道上的特色文藝小店極多，每一步都是風景。往惠文社的反方向走，過了車站，有一家專營活字印刷的小店「りてん堂」，透過玻璃窗，會看見店主熟練操作印刷機，是在地人的日常；店內雖小，但可自由參觀，也販售自己印製的明信片，相當特別。再往前，是古本屋「荻書房」，外頭的立牌相當顯眼，店內堆滿二手古書，老闆窩在櫃台，態度從容，彷彿早已習慣時不時探頭進來的好奇旅客。

沿著曼殊院道繼續走到底，過了白川通，人氣名店「一乘寺中谷」靜靜佇立路旁，販售和洋菓子，でっち羊羹是招牌名物，本わらびもち（蕨餅）沾黑糖蜜與黃豆粉食用。還有可帶走的小兔杯，吃完裡頭的布丁後，店員會換一個乾淨瓷杯讓人帶回去。假日時幾乎一位難求，最好挑平日來訪。

04
03
05

03 店長さい桑說「我是高雄人，京都的。」好巧啊我也是高雄人，台灣的。（陳怡絜／攝影）
04 鉛字版（郭苓玉／攝影）
05 滿坑滿谷的老漫畫（郭苓玉／攝影）

しっぽちゃん
おなす捕物帳
木下としお
背番号18
一億人の
オヤジ坊太郎
宝島

あなたを
あなたのお好きなスタイル

如再往前走，就是上坡道了，會看到「一乘寺の下り松」的石碑，這裡是宮本武藏與吉岡一門的決鬥地點，詩仙堂也在附近，裏頭掛有三十六位詩人肖像，連李白、杜甫也名列其中。八大神社就在詩仙堂旁，入口處的鳥居頗爲古老，一旁有大大的招牌，宣告此地是宮本武藏的開悟之地。這裡已離車站有段距離，如要挑戰曼殊院門跡，得再往山裡頭走。

然而在一乘寺，與其跟著旅遊指南前進，不如任性冒險才是有趣之處。回程時，見到路旁的喫茶店「のん」，燈光昏暗，復古外觀，網路上卻毫無介紹，正躊躇著「要不要進去看看……」時，手已經把門推開了。吧檯旁的老爺爺邊盯著電視裡的棒球比賽，邊用著簡單飯食。這家從一九七零年代就開張的喫茶店，無論咖啡、酒或雜炊定食都有供應，牆上貼著舊電影海報，昭和感十足，是喫茶店也是小酒館，一進來就會徹底迷上。老奶奶店主太能聊，笑嘻嘻地端來紅茶，午後光線如閃電穿入，茶湯上的檸檬片輕輕搖晃……一乘寺的魔幻時刻，就在這一秒發生。

神小風

編輯、小說家。畢業於東華大學創作與英語文學研究所。曾獲林榮三文學獎、梁實秋文學獎、全國學生文學獎等。著有 小說《背對背活下去》。

07 06
08

06 從舊唱片中探出頭來的少女（郭苓玉／攝影）
07 天色昏暗，躲雨午後適合來杯溫暖的檸檬紅茶。（郭苓玉／攝影）
08 想說「路過喝杯茶吧」就推開門的喫茶のん，可愛的店主夫婦合影。（郭苓玉／攝影）

旅途中的心靈洗滌
逛京都獨立書店

文／男子休日委員會．地圖／Viga

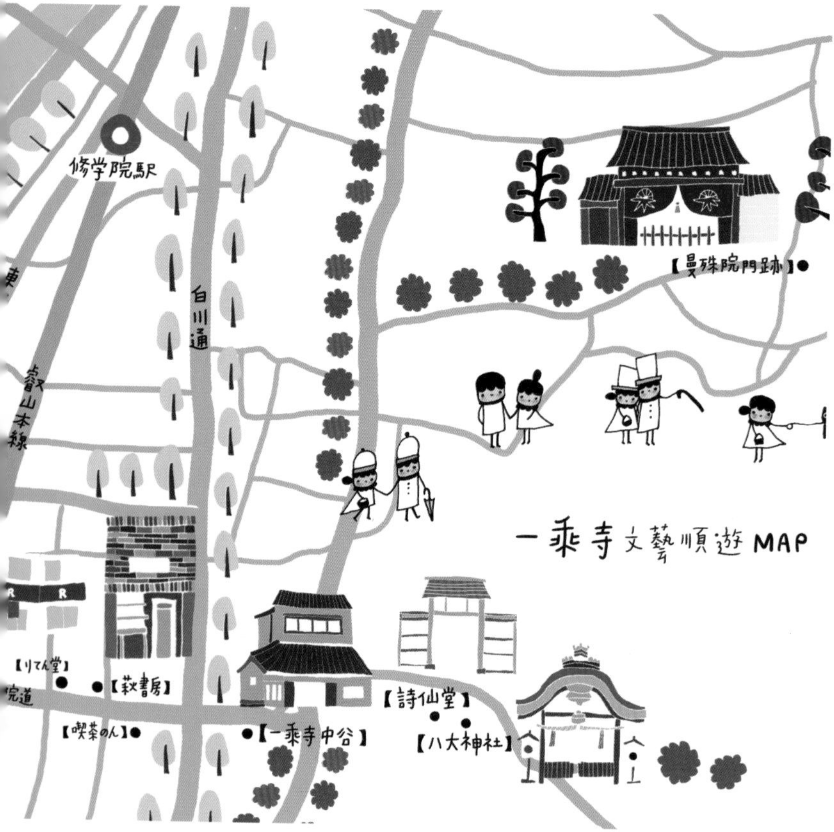

到過京都多回，若被問到什麼是必去必買的地點，通常我都會提起位於左京區的獨立書店「惠文社」，不同於京都其他人潮雜沓的觀光景點，每回我乘著公車來到出町柳，並轉乘叡山電車往書店所在的一乘寺站前進時，那寫意悠閒的日常風景搭配如同心靈洗滌般的交通路線總讓我怎麼走不膩。從一乘寺站下車，步行不過五分鐘的時間，名聞遐邇的惠文社就在眼前。我總習慣先關注櫃台正前方擺著新發行刊物的桌子，看近期推出了那些新鮮的雜誌或書籍，然後慢慢往旁邊書

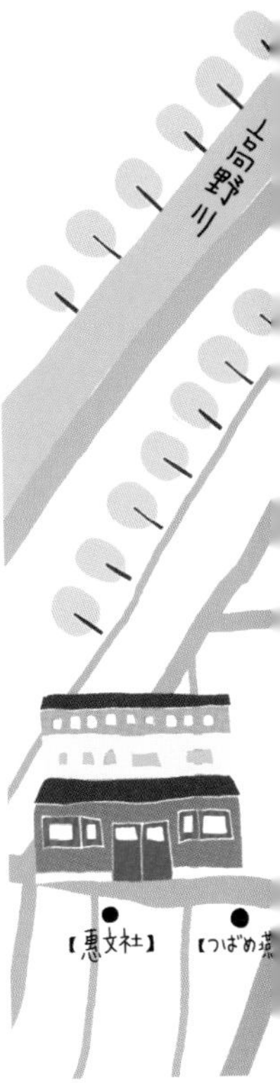

架探索，這裡的書櫃總藏著店員的巧思，有別於傳統的分類方式，擺在一起的可能是封面色調相同的作品、主題雷同但形式不同的創作，甚至還有更多的關聯性全一一安放在書櫃中，交給有相同頻率的讀者去觀察和解謎，這就是逛惠文社的樂趣。

除了書之外，我還很愛到旁邊的雜貨區裡翻看有哪些物件可以爲自己百無聊賴的生活點綴，不一定非得購買昂貴的鍋碗瓢盆，有時可能只是一兩包物美價廉的仙貝就讓我滿足。購物是我旅途中的必要行爲，彷彿帶走幾個當店購買的物件，就能保存更多旅途中更多深刻的時間。而讓惠文社在世界廣獲注目的前任店長堀部篤史先生，去年底在丸太町開設了屬於自己的書店「誠光社」，縱使書店本身腹地不大，但卻也像他醞釀多年的自我實現，如同拆解腦中各類底蘊頗豐的想法，從裝潢陳設到挑書選品，小小的書店中所散發的能量與影響力卻日與俱增，就像惠文社當年以書店爲圓心，將左京都的生活情調中蔓延成一波波迷人的藝文氣氛，我想誠光社接下來的地位同樣發展指日可待，那類似能夠照亮街角巷弄的耀眼光芒也將從丸太町緩緩拓展開來。

來到京都該逛些什麼、買些什麼呢？不如就讓這些獨立書店，爲你的旅程補充一點無形的休日情緒，爲行李箱增添一些有形的文化土產。

男子休日委員會

生活旅行創作團體，曾出版書籍《左京都男子休日》與《北海道央男子休日》，並持續以「你的生活是我遠道而來的風景」為概念，展開一連串跟「休日」有關的創作計劃。

最冷也最熱的京都

——走讀良露

文／陳瀅羽．攝影／陳怡絜

京都現在幾乎一年四季都充滿著觀光的人潮，但你愛看的別人也愛看，為了避開人潮雜沓的月份，讓我們先跳過旅遊旺季春櫻秋楓，若眞的想瞧見這千年遊樂場的眞面目，那肯定不能錯過冬梅與夏川。

雪裡京都，冬梅料峭

我剛好和韓良露一樣，與梅花最有緣分。

冬末的雪是粉雪，落在身上不會逗留太久即成為一點一點的小水珠，要是落得急一些，就弄得全身濕。若是夜裡雪點滴累積起來，早上還有些迷濛的光，就呈現出蔚藍的光，梅花就在素雅的枝頭上朵朵綻放開來。臘月的天滿宮才剛走近鳥居，就有一股淡淡的梅花清香飄出，在韓良露老師的筆下提到菅原道眞和梅之間的淵源，梅花除了象徵了不畏風雪的堅實以外，還有一段有故事（註1）。相傳菅原道眞左遷被貶至九州之際，他所愛戴的梅樹也跟著菅原道眞一起來到太宰府（註2），而被稱為「飛梅」，戴念著這之間的情感，幾乎在天滿宮都可見梅樹的身影。

菅原道眞在日本被視爲學問之神，所以除了京都以外，幾乎在各個縣裡都有天滿宮。我在東北岩手找到天滿宮的身影，剛好座落於山坡上，可以一望整個盛岡市中心。那時我拾階而上，一股熟悉的香味撲鼻而來，正是梅樹的香氣，雖然已是秋日中旬，但氣味不減。梅樹的枝枒不同於櫻花的柔嫩，而是蒼古有力，顏色深褐如墨，於枝節上綻放五瓣的粉嫩，未開時像顆小繡球，挺然可愛。

賞梅似乎較少成群結隊、尋歡作樂，反而常見孤身賞梅人，靜悄悄地站在梅樹下凝望。

有一年我與朋友相約於京都見面，正逢二月，我們租了和服前往北野天滿宮，那時挑了件桃紅色的振袖（註3）顏色艷麗，全然沒仔細思考這一身服裝是否能和梅花相襯，回過來讀了韓良露所言，想配上這粉白、紅粉的梅，應該是要穿上淡色系的和服，上頭圖案最好是小紋（註4），才不至搶了梅花的風頭而彰顯自己的俗氣。

北野天滿宮節目不少，近來受遊客歡迎每月二十五日的古物市集以外，就是春日的梅花祭。神社外頭接著上七軒，是祇園以外第二個藝妓花街，座落著藝妓們的練歌場，走於石磚小路上偶爾可聽見杖鼓和著古樂，或是圍籬內悠遠而清妙的歌聲。要一睹藝妓們的風貌，可說是很不容易，但在每年的二月二十五日北野天滿宮舉辦的梅花祭茶會中，藝妓們會親自送上紅、白兩色的五瓣梅京菓子。除了可以趁機與藝妓近距離接觸外，這京菓子也是有一段由來。

相傳豐臣秀吉曾於北野一帶舉辦茶會，並且公布不論身分貴賤皆可來參與盛事，爲期十天的茶會果眞相當熱鬧，而位於北野的七軒茶屋就順理成爲秀吉的休憩之處。當時奉上的御手洗糰子，一直流傳至今成爲上七軒的標幟，五粒糰子相串，現在則變形成爲茶會上象徵梅花的小點。簡單的滋味，咀嚼中卻有這麼一段淵遠的歷史。

梅綻放於冬末，不像櫻花被暖陽曬得清麗，而是在雪的侵寒中林立。如同韓良露所言，孤孤單單，冬夜點點瑞雪，旅人輕踩即溶的鞋痕立於樹下，這平日熱鬧的天滿宮多了一抹慵懶，多了一些寂寞的影子。

暑氣蒸騰，夏川之樂

七月盛夏赴京都，祇園祭的夏疫之樂在古城內靜靜地流淌……。(註5)

京都屬於盆地地形，夏天一到簡直跟我故鄉高雄沒有兩樣。暫且隨著韓良露的腳步，往鴨川的上源走去，一探避暑勝地。於下鴨神社（原名：賀茂御祖神社）外頭有一片太古森林「糺之森」，綠蔭搖曳的古樹底下，有一脈淺淺的水流——瀨見小川，映在眼底特別清涼。我們不走進神社，外頭有一處小社河合神社，販售著名的美人水(註6)，一飲全身有如川水流瀉般，五臟涼爽。走過葵橋後有桝形商店街，著名的京菓子名店——出町雙葉（出町ふたば（demachi futaba））每到夏天就會販售水無月，那如同冰塊的三角造型，上面鋪滿蜜紅豆，象徵無病無災。到了傍晚坐於鴨川三角洲(註7)，笑聲從四方傳來，正好可以輕鬆地享用著香甜的水無月。

從下鴨神社出發往南，鴨川的水面陽光閃耀，漸漸轉為落日餘暉，夜裡納涼床的燈火光輝，這段景致絕對不能錯過。看著川床上人影依稀，步伐輕盈，風迎面而來，有人在沿岸散策，彈奏樂器，低語脈脈，生活百景映入眼簾。走進繁華商圈，看著在喧鬧中搖曳的柳樹，人語喧譁的聲響竟顯得特別遙遠。

夏天除了祇園祭之外還有七夕納涼會，在三条的鴨川旁搭建起簡單的涼棚，人人手搖紙扇，一股淡淡的薰香搖曳，燈籠一盞盞亮起，柳枝上掛滿了心願，草皮上點綴著紙燈。這祭典特別閒散，低矮的舞台，迎來溪風，男男女女穿著傳統服飾唱著歌謠，別有一番風味。

走到四条大通上，囃子古樂再次傳入耳中，我們成爲蘇民將來的後代，無疾無病的夏夜是京都人的期望，這是京都祭典最多、活動最盛的一個季節，反而更能貼近深層的寧靜。

暑溽中，體驗到韓良露爲京都所題的「輕」字，千年繁華總是輕，於夜裡被一雙雙手掀起的暖簾，入寺院中竹帚掃出的砂痕，茶室中瓶裡插入以表四季的花卉，町屋裡紙門內的酣眠，夏日五山送火的灼灼光影映入眼簾，皆是京都風味，從她的筆中，含露著優養是我這滄海一粟的旅人，微見之光。

繞進如鰻魚般的小巷弄，讓自己迷路在曲折的夏日蒸騰。不遠處都有小河小川的指引，細聽，那潺潺不絕的流水聲，偶遇鞦韆搖晃的小公園，寂寞的大象溜滑梯，迷失在南座或者木屋町的背後，那千年寄宿於京都世世代代的住民，掀起耳朵，輕闔眼皮，笑著我們這群旅人不知身於枯山水的寂靜中。

夏日暑熱慢慢褪了，微涼的空氣悄悄掩近，遊人獨自走回今晚小歇的旅舖，走著走著，突然悟出了京都此城，彷彿一座深夜開始打禪七的古都。

《露水京都》

作者：韓良露　攝影：朱全斌　出版社：有鹿文化　出版年：2015

註1

收錄於《露水京都》〈北野天滿宮的梅花祭〉。

註2

目前位於福岡縣太宰府市。

註3

ふりそで（furisode），未婚女性所穿著的和服，有著色彩斑斕的圖案及紋理。依照袖的長短分為大振袖、中振袖及小振袖。袖長大約於三十九吋至四十二吋之間。

註4

以一個簡單圖案為主，重複印製於和服上。

註5

節錄自《露水京都》〈京都盛夏〉。

註6

一種名為花梨かりん（karin）的水果所萃取出的果汁。

註7

賀茂川與高野川的交匯地，位於出町柳。

戀在京都——竹久夢二與彥乃

文／王文萱．圖片提供／個人收藏

竹久夢二作品《黑船屋》，一九一八年十二月。

離開清水寺，順著路下了坡道，彎進左手邊小路，會見到一棟厚重又不失優雅的洋風建築，名爲「五龍閣」，現今以「夢二カフェ」（YUMEJI CAFE）的身分對外營業。這棟建築完成於大正十二（1923）年，CAFE的主角——竹久夢二（Takehisa Yumeji，1884-1934），雖然與此棟建築沒有直接關聯，但其實他曾經於大正六（1917）年，與一生中最愛的戀人彥乃（笠井彥乃，Kasai Hikono，1896-1920），短暫移居京都，在京都東山一帶，度過了難忘的日子。

夢二與彥乃邂逅，是在一九一四年。當時夢二在東京日本橋一地，開了一間雜貨舖「港屋繪草紙店」，販賣自行設計的各類生活用品，用現在的話講，就是文創商品店。負責經營的是他的妻子たまき（TAMAKI），若要說得更精準些，夢二正是爲了兩人即將結束的婚姻，才開了這間店讓たまき能夠繼續維持生計。此時彥乃造訪港屋，出現在夢二的面前——當年夢二正值三十歲、彥乃十八歲。

現今京都清水寺附近的二年坂，也有一間名爲「港屋」的小店舖。裡頭擺滿了夢二畫作所製成的明信片、扇子手帕等各類雜貨。仔細一瞧，會發現店家門口右側地上立了一個小小的石碑，刻著「竹久夢二寓居之跡」。一九一七年二月，由於夢二與彥乃的戀情受到彥乃父親的反對，因此夢二帶著次子不二彥，從東京到京都，搬進了二年坂的這間小屋，計畫與彥乃在此度日。其後夢二又移居高台寺南門附近（註1），等了又等，彥乃總算以拜師習畫爲藉口，瞞著父親，赴京都展開與夢二的同居生活。

夢二與京都的緣分非僅於此。時間拉回夢二與彥乃相識之前，一九〇九年，年僅二十五歲、自學繪畫的夢二，以《夢二畫集——春之卷》一躍成名。他在序文中寫道：

「我想成爲詩人。但我的詩稿，無法換取麵包。某次，我以繪畫的形式，代替文字，畫出了詩。」

夢二以獨特的畫風搭配文字，畫出一幅幅打動人心的「詩」。這些「無聲的詩」，其後甚至給了中國文人豐子愷（註2）極大啓發，讓豐創作出了「子愷漫畫」。一九一二年，夢二在京都圖書館（現今京都府立圖書館）舉辦「第一回夢二作品展覽會」，據說入場人數遠超過在隔壁勸業館（註3）所舉辦的「文展」（政府主辦的「文部省美術展覽會」）。正如他的「詩中有畫、畫中有詩」一般，夢二的展覽會並不只是將畫作陳列而已。他掛上了布幕、點起了蠟燭及薰香，撒上葉片、題首小

港屋（攝影／劉怡臻）

詩，整個會場宛如一部立體電影，觀賞者無不被捲進這片超越時空的特殊氛圍當中。——是了，人們所稱的「夢二式」作品，就是出自於夢二這般將四周染上藝術色彩的才能罷。自小憧憬夢二畫作的插畫家兼服裝設計師中原淳一（Nakahara Jyunichi，1913-1983）曾說道：

「夢二所繪的，無論是隨意脫下的拖鞋、陳舊的椅子、遠方的山，全都是夢二僅有的世界、夢二僅有的詩。我認爲夢二即便只繪畫，也是詩人，也帶著文學。」

然而，與詩人畫家的戀情，並不盡是美好的。彥乃在日記當中寫道：

「愛上他的人，終究會以不幸收場，而他也許也是不幸的。……但這也是他了不起之處，同時也是不幸之處吧。也許，藝術便從此油然而生。」

夢二的醋意、夢二的佔有慾，以及那份能將人心吞噬如黑洞般的憂鬱，和那有如泉源不斷湧出藝術的黑洞，讓彥乃花上很大力氣，卻又禁不住一步步往夢二內心接近。即便如此，她仍用心擔任夢二的模特兒及助手、妻子，以及不二彥的母親角色，三人一同靜靜地度過了這年的京都夏日。

之後等待著兩人的，是接連不斷的旅程、彥乃結核病發、兩人的別離，終至一九二〇年冬日，彥乃逝去。離開京都後的細節，此處便不再贅述。夢二後來於自傳小說《出帆》（1927）中，敘述了與彥乃相識至離別的故事，並寫道與彥乃在京都度過的，是一段五彩繽紛的生活。正如京都的夏日一般炙熱，如祇園祭一般，短暫且絢麗。

住院中的彥乃，於京都東山病院所攝。一九一八年十至十二月。

註1
據說夢二移居到高台寺南門的鳥居旁邊，但正確位置已不可考。

註2
豐子愷（1898-1975），中國散文家、畫家、文學家、美術家、音樂教育家。豐子愷曾至東京留學，在舊書攤發現夢二的《夢二畫集——春之卷》，認為這些畫作是「無聲的詩」，因此得到靈感，開啟日後創作漫畫之路。

註3
這裡指的是「京都市第一勸業館」，為展覽會場，位於京都岡崎一帶。現今的「京都市勸業館」（又通稱「みやこめっせ」（miyakomesse）於一九九六年開館，為京都最大的展覽會場。

梶井基次郎——到丸善放置檸檬吧！

文／陳允元．繪／Larda

「梶井基次郎過世已經四五年了吧。日本文壇喪失了這樣一位充滿精力的具有新鮮性的作家——不，是詩人——，是極大的損失。到了秋天，我經常想起這麼一位詩人。」

——水蔭萍（楊熾昌），〈秋窗雜筆〉，《台灣日日新報》（註1）（一九三五年十月三日）

一九三五年，台灣總督府正大張旗鼓地舉辦「始政四十周年台灣博覽會」的秋天，《台灣日日新報》的文藝欄一隅刊載了超現實主義詩人楊熾昌（1908-1994）關於梶井基次郎（1901-1932）的回憶，表達對梶井早逝的惋惜之情。梶井基次郎一九〇一年生於大阪。一九三二年春天即因宿疾肺結核死去，年僅三十一歲，留下含〈檸檬〉在內的二十篇珠玉之作，集結爲唯一的小說集《檸檬》（1931）。台灣詩人楊熾昌短暫滯留東京的一九三〇至一九三一年間，正好是梶井單行本出版、與病魔苦鬥的最後一段時日。也許楊熾昌是在《詩與詩論》（註2）及《詩・現實》（註3）等現代主義詩誌留意到梶井「詩與小說的ESPRIT完美地融合在一起」的秀異之作也說不定，並在返台之際，將這冊甫出版不久的《檸檬》帶回南方的故鄉。楊熾昌寫下這篇文字的一九三五年秋天，並非梶井的什麼紀念日，而是因爲他最近又重讀了友人歸還給他的《檸檬》。楊熾昌寫道：「他的作品的某種香氣讓我深深感覺到台灣的秋天」。

梶井的〈檸檬〉（1925）以京都的寺町一帶及三条麩屋町的丸善書店爲舞台，是以自身在第三高等學校時期（1919-1924）的頹廢生活爲藍本的短篇小說。原本只是未完成的小說草稿《瀨山の話》中的插曲，後獨立成篇，成爲梶井的傳世名作。主人公「我」是一名患有肺結核、神經衰弱、寄人籬下窮愁潦倒的學生。無以名之的不祥感始終壓迫著他的胸口。小說寫道，在生活還沒完全侵蝕頹敗之前，他喜歡的是「丸善」一類的地方——專營洋書以及舶來的高級文具雜貨。京都的丸善最初在一八七二年以「丸屋善吉店」開設；後一度閉店，一九〇七年在中京區三条麩屋町重新開店，一九四〇年遷至河原町通——。對於窮困的他而言，儘管丸善仍是個令他悶悶不樂的地方，但美麗之物以及生活中微小的奢侈，仍勉強帶給他一絲快慰；但如今那種不祥的重壓卻愈發嚴重，讓他惶惶難耐，終日於街頭遊蕩。某天夜裡，寺町與二條相交街角的水果攤的美，讓他的騷亂的神經得以稍稍平歇下來。梶井寫道：「由於四周黑壓壓的，店頭的幾盞電燈彷彿驟雨般傾瀉的絢爛，映照出水果攤無與倫比的美麗景致。裸露的燈泡宛若細長的螺旋棒嘎吱嘎吱地直插眼中而來。」在這樣的耀眼絢爛的水果攤中，他發現檸檬的存在：

> 我很喜歡那些檸檬。除了那宛若從軟管擠出的檸檬黃顏料凝固而成的單純色彩。其小巧的紡錘形也恰到好處。——於是我決定買下一顆檸檬，僅此一顆。

雖然只是一顆檸檬，在梶井的筆下，卻是世上一切善與美的凝縮。檸檬涼涼的觸感，撫平了他雙手因肺病而總是熾熱的溫度；靠近鼻頭的香氣，誘發了他對於遠方加州產地的異國情調、以及在漢文課讀過的〈賣柑者言〉的「剖之，如有煙撲口鼻」的想像。檸檬讓他感到幸福。好久沒有大口呼吸的他，身體裡的元氣開始復甦，腳步輕盈，心裡甚至湧現一種自豪的情緒，覺得自己彷彿就是身著華美衣服昂首闊步的詩人。連那個平常避之唯恐不及的丸善，都能輕易地走進去。

後來的情節，想必熱愛梶井的讀者都已十分熟悉——主人公憂鬱再度湧現，然而突然其來的惡作劇的念頭又讓他愉快起來。他將架上一一抽下的畫冊恣意堆疊，成爲一座奇異夢幻的城堡，並將袖兜裡的那顆檸檬放置在畫冊城堡的頂端——

退後幾步望去，檸檬將雜亂的色階悄悄地吸收至紡錘形的體內，而更顯澄澈。我隱約覺得滿是灰塵的丸善的空氣，只有那顆檸檬的周圍格外緊張。我站在原地凝視了一會兒。

此時，又一個念頭一閃而過——離開丸善：「若我是在丸善的書架上放置一顆金黃色亮閃閃的恐怖炸彈的奇怪惡漢，那麼十分鐘後，丸善就會以美術書架爲中心發生大爆炸，這眞是太有趣了！」

這顆檸檬炸彈，當然只存在於主人公獨自的幻想之中，並沒有在小說裡的丸善眞正引爆——更遑論文本外現實世界的丸善。然而有趣的是，這顆想像中的檸檬炸彈，卻宛若一種祕密製造、祕密傳遞的地下武器，跨越了文本、時空與世代，藏在街上任何一個行人的袖兜裡、口袋裡、或公事包裡。它永遠準備引爆，而丸善也必須隨時待命，成爲檸檬的命運共同體。似乎也因爲如此，當二〇〇五年丸善河原町店宣告歇業，儘管並非〈檸檬〉的舞台原址，但閉店前，仍許多不捨的讀者紛紛現身店裡，放置最後的檸檬炸彈。而閉店十年後的二〇一五年，當丸善宣布於「京都BAL」重新開幕，也歡欣雀躍地邀請讀者「到丸善放置檸檬吧！」

畢竟，一旦失去了彼此，檸檬就只是檸檬，丸善也只能是丸善而已。

陳允元

一九八一年生於台南。台大台文所畢，政大台文所博士。曾任政大中文、真理台文、永和社區大學講師，早稻田大學外國人研究員。曾獲林榮三文學獎散文首獎等。著有詩集《孔雀獸》（行人文化實驗室，2011）。與黃亞歷合編有《日曜日式散步者──風車詩社及其時代》（行人文化實驗室，2016）。

註1

楊熾昌，一九〇八年生於台南，一九三〇至一九三二年間留學東京，親炙了時在中央文壇到達頂點的現代主義「新精神」運動。一九三二年返台，一九三三年十月與李張瑞（1911-1952）、林修二（1914-1944）、張良典（1915-2014）等籌組「風車詩社」，出刊同人詩誌《Le Moulin》，試圖在殖民地台灣引入超現實主義詩風與「新精神」的美學觀。除了《Le Moulin》，楊熾昌亦曾代行《台南新報》的學藝欄編務。刊載楊熾昌〈秋窗雜筆〉的《台灣日日新報》，是日治時期台灣的最大官報。文章刊載時的文藝欄主編，是在台日人作家西川滿（1908-1999）。

註2

《詩與詩論》是推動昭和初期日本現代主義詩運動最重要的一份詩誌。一九二八年九月由春山行夫（1902-1994）主導創刊，宣稱要「打破舊詩壇無詩學的獨裁，正當地呈現今日之poésie」，大量翻譯介紹同時帶西歐前衛思潮、刊登同人的現代主義實踐。以季刊形式發行，一九三二年三月改題為《文學》，一九三三年六月終刊。梶井基次郎曾於《詩與詩論》第二號發表作品。這份詩誌影響楊熾昌與其他風車同人的美學觀甚鉅，也影響了戰後一九五〇至一九六〇年代林亨泰（1924-）在《現代詩》、《創世紀》等詩誌的現代主義實踐。

註3

一九三〇年六月，左傾的北川冬彥（1900-1990）從將詩視為純粹符號實驗的《詩與詩論》脫退，另創《詩・現實》（一九三〇年六月至一九三一年六月，共五號），主張「我們必須正視現實。僅著眼於藝術而從現實游離的存在，不過是一種幻想。正視現實吧，然後創造吧」。第一、二、四、五號皆刊載了梶井的小說或相關討論。

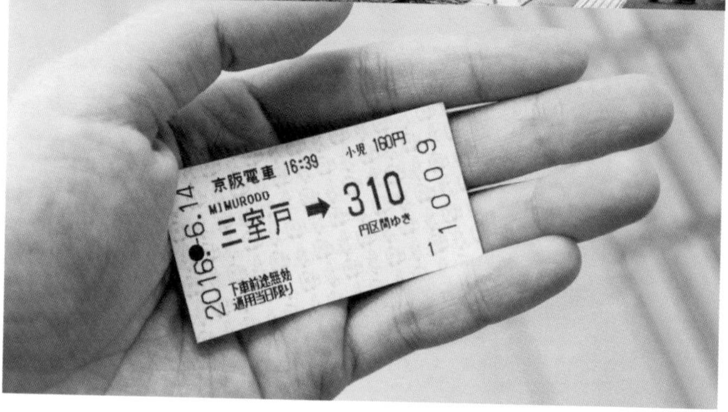

在京都移動的一百種方式之一：電車。

ドアにご注意

D 普通
Local
号車

宵山夜遊

文／陳瀅羽

在櫻吹雪後，新綠重新佔據枝頭，沿著鴨川兩旁，隨著夏日腳步越近，綠蔭越茂密的厲害。中午過後，街上幾乎空無一人，只剩下開開關關的超市自動門，透出超商的冷氣風。下午四、五點柏油路的人影被拉得老長，太陽西曬但熱力不減，微濕的手帕宣布夏天正式來臨。

我第一個參與的祭典即是祇園祭，並如同幻想中的日本女子穿著浴衣漫步在祭典現場。那是在北野天滿宮的古物市集挖寶到的浴衣，淺粉色配上橘黃的百合印花，帶有一些春日的氣息。讓時間往前倒轉一

點，有一個名爲「宵山」（よいやま（yoiyama））的活動，就是熱鬧的前夜祭。雖然祇園祭的重頭戲在「山鉾巡行」，但這猶如藝術作品的山鉾（神轎神車）在每年的七月十四日到十六日的前祭期間，可以到三、四条的指定區域近距離欣賞到山鉾的樣貌。

祭典還沒開始就已經在京都境內延燒了。

這些山鉾的組裝過程完全沒有使用到一根釘子，而是用粗繩去綑綁和固定，全都是按照傳統的捆法，所以即使沒有套上華麗的布條，都可以稱作是一件藝術品。然而「鉾建」、

「山建」的製作時間也要算好時辰，太早太晚都不行，所以從一根根木頭到整體完成都是靠歷年累積下來的經驗。在祭典結束後又要全部拆解，躺在倉庫中，直到明年祇園祭才能再重現風貌，這過程有些是可以參觀的。這大多是商會裡的人來製作，我看到一張宣傳海報，上頭寫著「想保留、想留存、想傳遞，祇園祭」，對京都人而言祭典並不只是傳統的傳承，還是這商會中人與人之間感情活絡的方式。

山鉾被指定爲日本重要的無形民俗文化財，雖然摸得到看得到，但就像台灣的王船祭一

樣，慶典的尾聲王船就被送到海裡整艘燒毀，山鉾也是在結束後就會整個拆解。祭典開始後，能拉山鉾的人都是住在京都的民眾，或者這些商會的夥伴，對京都人來說山鉾是屬於神之物，所以在傳統規定女性不能參與拉山鉾的活動，但在宵山祭前有開放給前來京都的人體驗拉山鉾，在這時就沒有男女的限制。

另外，在這個前祭（註1）當中還有一個特別的「屛風祭」展覽，就是各家老店鋪會將他們珍藏的風屛和寶物展示在家中，在這段期間裡，一般人都可以進去參觀，有些收費有些

沒有，是一年一度可以潛入名人貴族家中參觀的機會。

在一整個祇園祭的活動中，京都沉浸在濃濃的古典人文之美當中，所以也有「行動的美術館」之稱。當天我抵達宵山祭的現場，三、四条已經被擠得水洩不通，由於人潮帶來的暑氣，讓我和友人竄流在人群之中，眼前一整片的燈籠山佇立在一座座挺立的山鉾旁，樂器伴隨著喧騰的叫賣聲。只有祭典才會出現的屋台（指路邊攤）人龍不絕，我停駐在面具的攤位前，看著各式卡通人物，麵包超人旁邊是稻荷狐狸，隔壁炒麵的熱氣迎來，我

們提著飢餓的肚子往小路鑽去，選了一間富有家庭風味的漢堡排店，讓穿木屐而僵硬的雙腳稍作休息。

現在那間小店在哪已經想不起來了，因爲之後我們穿梭在巷弄中迷了路，夜晚的宵山更加熱鬧，人潮沒有一點消退的意思，對於日常八點就關門的商店街，這樣的歡愉是一年間最燈火通明的夜晚，最後我們終於走回鴨川沿岸，鴨川的水氣隨著風居然讓我感覺有些涼意，現在想起韓良露曾說過「不敢不樂」，在這夏夜中體認到那一去不返的川水和京都人這年年復年年中的變與不變。

陳瀅羽

曾在日本走跳一年。返台後患有購書強迫症，目前在三餘書店治療中。

註1

隨著祇園祭的接近，每晚分成宵山、宵宵山、宵宵宵山。

p.204—p.210

夜裡宵山（陳瀅羽／攝影）

北野天滿宮的梅（陳瀅羽／攝影）

—

巷弄中驚見擬真的山鉾飾品（陳瀅羽／攝影）

宵山午後（陳瀅羽／攝影）

—

宵山祭現場人龍不絕（陳瀅羽／攝影）

宵山裡的駒形提灯（陳瀅羽／攝影）

—

巧遇警察局裡值班的柴犬（陳瀅羽／攝影）

在歷史都市中感受竹久夢二

文／王文萱

自從二〇〇六年，決定以「竹久夢二」作爲論文研究對象以來，我斷斷續續追尋著夢二身影，也有十餘年了。生涯當中不斷旅行、漂泊的夢二，在日本各地留下了許多作品及軼事，而追尋這些痕跡，就成了夢二迷們在欣賞畫作之餘的樂趣之一。

比起夢二的故鄉岡山縣，或是後來久居的東京，夢二曾經短居的京都，現今反而更適合拿來感受夢二氛圍。不僅因爲京都是夢二與最愛的戀人彥乃同居之處，更因爲夢二活躍在西洋文化逐漸滲入日本大眾生活的大正時代，這種「和洋折衷」的時代氣氛，今日仍殘留在京都的許多角落。

與其說京都是觀光都市，我更愛稱她爲「歷史都市」。這並不只是因爲

京都在一千兩百年前成了日本的首都，而是因爲從不同角度窺視京都，會發現她透露出了歷史的不同年代及層面。京都的面容，不若東京翻新得特別快，而是一點一滴，在不經意之處，緩慢又持續地更迭。在二〇一七年今日的京都，可能會在這個轉角遇上了平安時代的故事，到了下一個轉角，一下又跳了千百年，遇上了明治維新的痕跡。

正因此，京都那種帶些懷舊氣氛、有些與現代脫節的復古摩登，正適合拿來訴說距今約百年前，大正時代風靡一世的藝術家——竹久夢二的故事。

先談談清水寺附近，被登錄爲文化財的洋風建築「五龍閣」吧。這棟完

工於大正時代的建築，便是「和洋折衷」的最佳代表。這裡原本是企業家松風嘉定的宅邸，後來被京都專營湯豆腐的老店「順正」接手。好幾年前造訪時，這兒賣的是順正的本行——湯豆腐，當時我與友人特地身著和服前往用餐，可能是被洋館以及湯豆腐套餐的豪華氣派震攝到了，或是和服太束縛了，只記得整餐吃得好不拘謹……。幾年前這裡改爲「夢二カフェ」（YUMEJI CAFÉ），據說淵源來自「順正」經營者的祖父——近藤義次，曾經登台演唱夢二所作詞的歌曲《宵待草》，此後便與夢二有了交流，並開始收集夢二作品。

使用京都當地蔬菜的咖哩、漢堡排，「YUMEJI CAFÉ」的菜單上排

滿了源自西方的日本「洋食」，這裡連供應的料理都很「大正時代」。或是點杯咖啡、來碗抹茶口味豆花，置身於優雅氣派的洋館當中，一面用餐一面觀賞牆上的夢二畫作，這個午後，我彷彿穿越了百年時空。

相對於「和洋折衷」的五龍閣，清水寺附近還有另一間完全走和風路線，百年來風貌幾乎不變的甜食鋪，也與竹久夢二有很密切的關係。かさぎ屋（KASAGIYA）」。這間創業於大正三（1914）年的甜食鋪，據說百年來菜單內容幾乎沒變。裹著紅豆泥及紅豆粒、黃豆粉的麻糬、紅豆湯，各種以紅豆爲主的日本傳統甜品，據說擄獲了竹久夢二的心。

這裡的店面非常不起眼，櫥窗又小

又老舊，若不是事先得知這間店的存在，很可能就這樣過門而不入了。狹小的店內，只擺了幾張桌椅，牆上掛了一小幅風景水墨畫，是夢二的作品。據聞老闆請夢二設計包裝紙，夢二沒能完成，所以畫了一幅水墨畫來交差，就這樣成爲百年來的鎮店之寶了。

也許因爲這間店低調，明明位於京都最熱門的觀光區域，卻鮮少觀光客造訪。在這寂靜又充滿古老氛圍的日式空間小歇，享用傳統又道地的日本甜品，與適才「五龍閣」的奢華感受截然不同。同樣是穿越百年，但卻是大正時代的另一種面容。

我在二〇一七年的京都，透過竹久夢二的足跡，探訪百年前大正時代的

京都。沿著清水寺門前，一路往下坡行，首先是「夢二カフェ」（YUMEJI CAFÉ）五龍閣。接著右轉三年坂，再轉上二年坂，左手邊是夢二時常造訪的「かさぎ屋」（KASAGIYA），再隔幾棟屋子便是販賣各類夢二相關雜貨的「港屋」，也就是立著「竹久夢二寓居之跡」石碑的建築。一路往北，便是高台寺。據說夢二後來與戀人彥乃遷居至高台寺南門附近，可惜位置已不可考。再往北，是完成於大正時代初期，百年來景觀幾乎未曾改變的石塀小路，接著是圓山公園、八坂神社、一路直到祇園……。

看哪，夢二畫中彈著三味線的和服美人，以及身著洋服啜飲著咖啡的摩登女性，似乎就在眼前呢。

王文萱

網路筆名Doco。京都大學博士，研究日本大正時代畫家竹久夢二。譯作二十餘本，並主持日本傳統文化推廣組織【MIYABI日本傳統文化】。日本傳統文化相關資格：全日本和服顧問協會會員、和服顧問九級、日本裝道禮法和服學院禮法講師、日本生田流箏曲正派邦樂會準師範、日本茶顧問等。個人著作《京都爛漫》（一起來出版社，2013）。

p.212
｜
p.218

竹久夢二美術館門口（郭苓玉／攝影）
位於東京大學附近的竹久夢二&彌生美術館（郭苓玉／攝影）
｜
五龍閣（劉怡臻／攝影）
かさぎ屋（KASAGIYA）（劉怡臻／攝影）
｜
五龍閣（劉怡臻／攝影）
かさぎ屋（KASAGIYA）（劉怡臻／攝影）
｜
美麗的和服女子（陳怡絜／攝影）

京都快閃

文／孫梓評

醒來，旅程第九天，窗外急雨。半山坡上的老旅館，騰著和雲一樣高的錯覺，在榻榻米躺下來，就像躺在天空局部，沒做完的夢也會很快墜下去。要離開了。八點五十一分的超廣角特急，還得先繞走一整個U型山路，才能到抵山下車站。

然後，去京都。

難得是這樣的路過，前後都有句子，只拿京都當一個過場，便打定主意，什麼廟都不去，什麼枯山水都不看，什麼祭典都不參加，（自以爲）返鄉遊子式的，挑幾間小時候心愛的店家——假裝，那些食鋪也伴過我的青春期，一條小路目睹我兩次車禍，一間咖啡館和不同戀人喝過口味有異的咖啡。

行李拴在車站，轉車前往六角通。鰻魚老店京極かねよ終日散發燒烤白煙，午餐時間已過，大正末期迄今的木桌子木椅子似有一種「我累了」的喃喃。坐下來點碗きんし丼，大碗蓋不住露出邊緣的厚片玉子燒，拿筷子掀寶，才看見烤鰻睡在蛋和飯的中間。湯是鰻肝湯，滋味幽微。

午後錦市場晃晃。京野菜有的乖乖待在竹簍上，有的泡在水裡，奈良漬溫馴有序地疊高，量詞竟是「一舟」。呀，今晚開胃菜就是一樽生啤，一舟形味皆雅的酒糟醃瓜吧。

然後去喝咖啡。先斗町雜巷中迷途三番。茶寮都路里前永遠的排隊人潮。那就移動到橋上看一下鴨

川，街頭藝人和化緣的僧，都各有位置。風在河面吹出線條。終於抵達Francois喫茶室，低調刷白的歐風外觀，彩繪玻璃吊燈，長髮女侍者彷彿從寶加畫中走出，端來雪白瓷器裝盛的起士蛋糕，佐著鄰座日本歐吉桑和女兒的細語，以及古典樂，咖啡極黑，襯得瓷器更白了。

時間還剩一點。散步回京都塔。誰沒事會上塔頂眺望？從來，京都的細節都必須是近身授受的。一縷誰的浮香，一抹單車背影，一尊少年阿修羅……果然高處俯瞰只得到「欸」：哦，那是五山；哦，那是清水寺；哦，那是京都車站。反正重點是要去塔下方的大浴場，據說因爲營業時間長，而頗受旅人喜愛的

浴場，慢吞吞脫了衣服，清洗自己後，縮進不規則造型浴槽，身旁都是當地老爺爺，每日作業般來此，和面熟者寒暄談笑。我是白紙上不應該的墨漬。

臨走前，再到現已閉館的「手塚治虫世界」看一場原子小金剛動畫，就結束快閃行動。買了個筍飯搭配鯛魚的老舖便當，跳上Kodama列車，往東京——假裝自己身在高鐵左營站，買妥美味野菇濃湯，靠窗位子，列車移動，總在眼熟的一瞬，想要指認位於鐵道旁的祖墳。然而窗外只有京都塔，雪白塔身，像根蠟燭，擎著亮光，很快，在倒退的夜色中被風溶溶地吹遠了。

孫梓評

一九七六年生。東華大學創作與英語文學研究所畢業。著有散文集《知影》、詩集《善遞饅頭》等。

p.220
|
p.224

舒服走出大浴場，仰望京都塔。（郭苓玉／攝影）

車站附近路口往來人潮洶湧（郭苓玉／攝影）

—

新鮮京野菜（郭苓玉／攝影）

市場裡注目的醬菜店（郭苓玉／攝影）

—

京都塔，飄雨如飄雪的傍晚。（郭苓玉／攝影）

我的京都生活

文／宋欣穎

在京都生活時，我最喜歡的散步區域是二条通與寺町通交界一帶，北起丸太町通南至御池通的寺町通，這段路京都人稱之爲「寺町二条」，街道兩旁並列著各式陶瓷器皿店、美術品店、古道具店、生活雜貨、文具行、茶葉老鋪、洋食餐廳以及壽司、糖果店……，可說是東西並列新舊雜陳，非常迷人。若你喜愛文學與美麗風雅事物，絕對是怎樣都逛不膩。

寺町二条在文青界聲名大噪，是因爲有「昭和文學的波特萊爾」之稱的梶井基次郎寫過一篇短篇小說「檸檬」。主人翁在寺町二条轉角的水果店買了一顆黃

檸檬，當作「爆彈」放置於鬧區河原町的丸善書店架上。這篇小說讓全日本的年輕學生造訪京都時，都會到這間名爲「八百卯」的店買顆檸檬。因此，店主一年四季都會在店頭擺上黃檸檬，好讓上門的文青不失望。但令人唏噓的是，丸善和八百卯都在多年前就關門歇業，消失在京都了。

但寺町二条仍存在著被其他作家喜愛的老店。

和八百卯相隔不遠處的村上開新堂，光是古老櫥窗裡的古早味洋菓子，就足以讓人駐足觀賞不忍離去。美食作家池波正太郎當年在寺町逛二手書店時，就同樣被這家店吸引，站著「看也看不

膩」，最後買了「潔淨可愛的洋菓子」好事福盧回到飯店享用。「好事福盧」其實就是使用濟洲甜橘作成的果凍，高雅的甜味、微微的酒香和潤滑的口感，讓「吃多食廣」的池波正太郎也無法自拔。池波先生曾在作品中描述，他在寒冷的冬天裡，帶著這美味走出旅館到戶外，讓冰涼的果凍「流過因爲酒醉而乾涸的喉嚨……」。

值得一提的是，在村上開心堂的右前方有家三月書房，是文青一定要造訪的聖地。三月書房被稱爲是「京都名物書店」且全日本知名，被認爲在思想、詩歌等著作上的選書品味絕佳。從創立開始，三月書房就不賣暢銷書，

而完全以店主個人的品味爲選書標準，並曾直接販賣日本思想家吉本隆明（吉本芭娜娜的父親）編輯的雜誌「試行」而聲名大噪，是許多京都文化人愛造訪的書店。每次到三月書房，我一定可以在書架上找到喜愛的漫畫或是小說。不然和店主聊一聊，他也會從架上拿出合乎顧客喜好的書籍讓人買單。

既然買了書，就得找個地方坐下來讀。寺町通上有著最爲台灣人熟知的日本茶的老店「一保堂」本店。雖然在日本各大百貨公司都能買到一保堂，然而京都本店美麗的町屋外觀，以及因爲烘焙茶葉而充盈在空氣中的香

氣，卻是在京都寺町通才能體驗到的美好。一保堂本店附設有喫茶室「嘉木」，可以在此點壺茶搭配和菓子度過美好的閱讀時光。

如果喜歡西式咖啡勝於東方茶，寺町通上還有好多的咖啡店。其中，賣麵包起家的咖啡店「進進堂」也在這裡開了分店。日本知名的左派思想家河上肇因爲思想左傾而入獄，還丟了京都大學教授的工作，出獄後他寫了一本「晚年的生活記錄」，裡頭就提到他久聞開在京大側門前的進進堂，麵包美味無比連東京的麵包店都比不上。「早上十一點跑去看，發現客人很少，人們吃著附上果醬的麵包。後來晚點再去光

顧，居然已經賣完了！」想試試看讓河上教授殘念不已的麵包，可以到進進堂坐坐，搭配京大師生最愛的咖啡。

名爲寺町通，這條路上當然有許許多多的寺廟。其中，文學散步行程不能錯過的，是相傳爲「源氏物語」紫式部居住之地的盧山寺。盧山寺位於二条的北邊約東一条的位置。

在逛過那些讓人流連忘返的器皿店如「清課堂」、「象彥」，以及如「紙司柿本」、「芸艸堂」等文藝文具相關用品店之後，不妨往北走到盧山寺，站在日本一代女文豪生活過的土地，遙想源氏物語的故事光景。

宋欣穎

出生於台北。台大政治系畢業，曾於京都大學進修過電影理論，但最後在美國芝加哥哥倫比亞藝術學院取得電影碩士，主攻編導。當過影劇記者、報紙雜誌專欄作家、偶像劇編劇、京都KTV店員……現職為編劇與導演。二〇一〇年回到台灣後，開始電影創作並擔任多部紀錄片剪接指導。二〇一三創作動畫短片《幸福路上》獲得台北電影節最佳動畫獎、金穗獎最佳動畫片、高雄電影節最佳觀眾票選獎等多項肯定並入圍多項國際影展。因此而延伸出的同名長片計畫，更得到二〇一三年金馬創投的百萬首獎。二〇一五年秋天，出版第一本散文集《京都寂寞 Alone in Kyoto》。《幸福路上》動畫電影即將於二〇一七年年底上映。目前正在籌備下一部劇情長片，有時擔任微電影或短片編導。

p.226 — p.232

喫茶店復古的招牌（宋欣穎／攝影）

建築特別的細節（郭苓玉／攝影）

—

清課堂櫥窗裡美麗的酒器（宋欣穎／攝影）

京都名物三月書房（宋欣穎／攝影）

—

一保堂復古的店面，有著中藥行的氛圍（宋欣穎／攝影）

進進堂京大店（郭苓玉／攝影）

—

錫器器皿的老舖清課堂（宋欣穎／攝影）

京特色

時髦又古老的京都食魅力

文、攝影／宋欣穎

京都之所以迷人，是因為這個城市既古老又時髦，並將自然與文明生活完美融合。要充分了解這特殊的魅力，可以從京都咖啡店、京都和菓子和京野菜三項京都特色開始了解。

喫茶店（きっさてん）Kissaten

京都人喜愛咖啡店，不管是年輕大學生找午飯吃、中年人談生意或是老年人早餐看報紙，都會上咖啡店。古都裡個性咖啡店的多樣與密集，更是京都生活的一大享受。京都在戰前就出現了咖啡店，當時人們稱之為喫茶店。這些當年時髦新潮的喫茶店，經過數十年的時光洗禮，仍有好多家不改原始面貌地佇立在古都。因為這些店保有懷舊浪漫的時代感，甚至成為京都的必訪景點。

最為人熟知的是Inoda咖啡。Inoda咖啡至今仍是京都人愛用的早餐店，店家自己打出的廣告詞就是：「京都的早晨，由Inoda的香味揭開序幕。」谷崎潤一郎和池波正太郎也喜歡來這裡享用晨光咖啡。由於火災，三条市中心的本店只保留了一小角當年原貌，讓人遙想作家當時看到的咖啡店光景。四条小橋西側的法蘭索瓦Francois則保留了一九三四年創立當時的面貌，義大利巴洛可風的復古建築被政府指定為有形文化財。法蘭索瓦一創立，馬上地就成為京都學生、藝術家以及文化人聚集的地方，成為戰前頗富盛名的文化沙龍。至今，店內的女服務生仍穿著宛如修女服的制服，再加上牆上的西洋畫與品味良好的音樂交織成的復古氛圍，這家店成為文青與觀光客的最愛。

有「少女系喫茶店」稱謂的索瓦雷Soir（取名自法文的黃昏），也是京都復古喫茶店的代表。挑高的天花板搭配昏暗的照明，即使大白天踏入這家店，也宛如身置夕陽西下時的浪漫時光，歌人吉井勇就曾帶藝妓來享用咖啡。由於上一代老闆喜歡收集擅長女性畫像的東鄉青兒的作品，店裡裝飾的畫作、杯墊以及火柴盒，全都是東鄉先生繪製的作品。這家夢境般的咖啡店，還提供一種五彩繽紛的果凍，裝在美麗的玻璃杯裡，濃濃的少女情懷滿溢。

京野菜

きょうやさい

Kyoyasai

日文的野菜其實就是蔬菜的意思。被稱為「京野菜」的京都蔬菜，被日本人認為是最能體現京都風情的食材。京都自古就吸引各種人才引進各式蔬菜進貢給宮廷與寺廟，加上都市大量人口提供的堆肥，配合高野川、賀茂川、桂川和宇治川帶來農業灌溉用水與肥物土壤，逐漸種植出風味絕佳的京都特產蔬菜。再加上華麗的職人京料理傳統與佛教的精進料理文化需要大量蔬菜，又讓京野菜的生產與保存更上層樓，連「京漬物」與京都家庭料理「御番菜」這類的庶民煮食也成為一個品牌與專有名詞。知名的京野菜有九条蔥、聖護院大根、賀茂茄子、萬願寺辛唐子、水菜、壬生菜等等。京都部分寺廟甚至會有向京野菜祈願的祭典如「大根焚」、「南瓜供養」、「若菜祭」等古老的「野菜信仰」流傳至今。

京菓子

きょうがし

Kyogashi

日本人把甜食稱為「菓子」，日式傳統點心稱為「和菓子」。京都由於擁有千年的皇家文化，加上佛寺神社林立以及茶道盛行，小小的盆地裡有數不盡的和菓子店，論傳統歷史、論美味、論特色或是論美觀各有特長，恐怕要專書介紹才能詳盡。這裡簡單地將「京菓子」分為三類。

第一類是用來祭祀的神撰菓子，多會印上神社的徽章——日文稱為「御紋」，所以這類的和菓子就叫做「御紋菓」，最有名的就是「落雁」。龜屋清永、玉壽軒、笹屋伊織等名店，就有各式各樣的御紋菓。第二類稱為「南蠻菓子」，就是十六世紀砂糖大量輸入日本後開始製作的甜食，相傳最早為西方傳教士獻給織田信長的金平糖與有平糖就是南蠻菓子。京大百萬遍附近的「綠壽庵清水」就是日本唯一的金平糖專賣店，至今仍被京都人認為是最高級的賀禮。第三類稱為「有職菓子」。基本上就是皇家用來舉行儀式、佐茶或是賞賜給公卿貴族的甜食。因此這一類當年皇家專用的店家例如「老松」、「鶴屋信吉」等，都會在店名前冠上「有職菓子司」，顯示他們的和菓子品味與美感都是系出名門。

由於上述的文化洗禮，京菓子做工細緻繁複，味道高雅之餘外觀更是美不勝收，在日本有「飾菓子」的美譽，意思是「可以拿來當裝飾品的藝術品」。面對食物，京都人常說：「除了用嘴品嚐，我們還會用眼睛吃。」京菓子充分體現了這種美感至上的哲學。

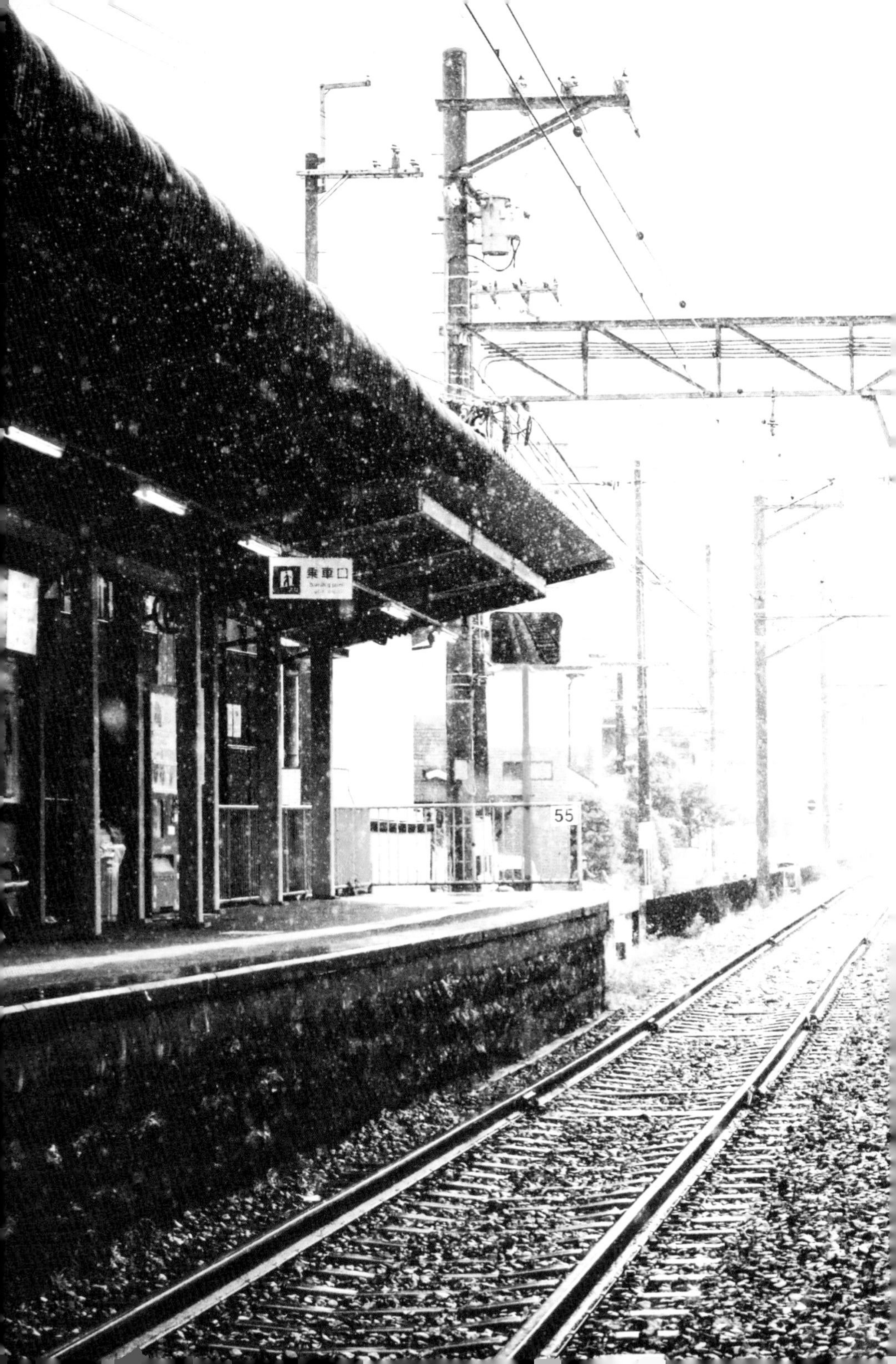
乗車口
55

與旅伴費盡體力爬上稻荷山頂後心情為之明朗。
吃個飯糰休息一下吧，就有力氣繼續期待未來的生活，未來的旅行。

喜歡讀書寫字的京都旅樂

2017年7月初版

定價：新臺幣420元

有著作權・翻印必究
Printed in Taiwan.

著　　者　王文萱等
攝　　影　郭苓玉等
聯合文學雜誌
總 編 輯　王　聰　威
聯經出版
總 編 輯　胡　金　倫
總 經 理　羅　國　俊
發 行 人　林　載　爵

出 版 者　聯經出版事業股份有限公司
地　　址　台北市基隆路一段180號4樓
編輯部地址　台北市基隆路一段180號4樓
叢書主編電話　(02)87876242轉272
台北聯經書房　台北市新生南路三段94號
電　　話　(02)23620308
台中分公司　台中市北區崇德路一段198號
暨門市電話　(04)22312023
台中電子信箱　e-mail：linking2@ms42.hinet.net
郵政劃撥帳戶第0100559-3號
郵撥電話　(02)23620308
印 刷 者　文聯彩色製版有限公司
總 經 銷　聯合發行股份有限公司
發 行 所　新北市新店區寶橋路235巷6弄6號2樓
電　　話　(02)29178022

叢書主編　饒　美　君
校　　對　江　子　逸
美術設計　郭　苓　玉
照片提供　陳銘磻等

行政院新聞局出版事業登記證局版臺業字第0130號

本書如有缺頁，破損，倒裝請寄回台北聯經書房更換。
ISBN　978-957-08-4969-1 (平裝)
聯經網址：www.linkingbooks.com.tw
電子信箱：linking@udngroup.com

國家圖書館出版品預行編目資料

喜歡讀書寫字的京都旅樂/王文萱等著．
初版．臺北市．聯經．2017年7月（民106年）．240面．
14.8×21公分
ISBN　978-957-08-4969-1（平裝）

1.旅學文學　2.日本京都市

731.57219　　　　106010176